KB200732

기도를 배우다

기도를 배우다

지은이 | 이상복
초판 발행 | 2023. 11. 16
2 쇄 발행 | 2024. 10. 30
등록번호 | 제1988-000080호
등록된 곳 | 서울특별시 용산구 서빙고로 65길 38
발행처 | 사단법인 두란노서원
영업부 | 2078-3333   FAX | 080-749-3705
출판부 | 2078-3331

책값은 뒤표지에 있습니다.
ISBN 978-89-531-4647-1 03230

독자의 의견을 기다립니다.
tpress@duranno.com   www.duranno.com

두란노서원은 바울 사도가 3차 전도여행 때 에베소에서 성령 받은 제자들을 따로 세워 하나님의
말씀으로 양육하던 장소입니다. 사도행전 19장 8-20절의 정신에 따라 첫째 목회자를 돕는 사역과
평신도를 훈련시키는 사역, 둘째 세계선교(TIM)와 문서선교(단행본·잡지) 사역, 셋째 예수문화 및 경배
와 찬양 사역, 그리고 가정·상담 사역 등을 감당하고 있습니다. 1980년 12월 22일에 창립된 두란
노서원은 주님 오실 때까지 이 사역들을 계속할 것입니다.

성경으로 하는 위-안-밖 기도

기도를 배우다

이상복 지음

두란노

목차

1부

위를 향한 사귐의 기도

'성경적 기도 훈련 학교' 교재

기도를 다루는 수많은 책 가운데 성경적 기도의 정신을 찾고자 하는 본서는 특별하고 새롭습니다. 사도신경과 십계명과 주기도문을 기도의 눈으로 살피면서 사귐, 성품, 사역의 방향으로 정리했다는 것은 어떤 책에서도 찾아보기 어려운 특별한 시도입니다. 새로운 느낌을 받는 것은, 그 기도의 고민이 책상에서 이루어지는 것이 아니라, 오랜 세월 기도의 땀을 흘려 온 한 목회자의 고민과 삶 속에서 흘러나오는 고백이라는 점입니다. 그것이 이 책이 문장마다 기도의 이론으로 읽히는 것이 아니라, 자신의 삶을 돌아보는 거울처럼 고개를 끄덕이면서 읽히는 이유입니다. 성경적 기도와 실천적 삶을 정교한 태피스트리(tapestry)처럼 엮은 본서를 통해 독자들은 기도 생활에 확실한 변화를 체험할 것입니다. 그 변화로 주님을 향한 우리의 사랑은 더욱 깊어질 것이고, 기도 생활은 더욱 새로워질 것입니다.

▲ **류응렬** 와싱톤중앙장로교회 담임목사, 고든콘웰신학대학원 객원교수

이 책은 성경적인 기도가 무엇인지를 세 가지 관점에서 제시하고 있습니다. 첫째 관점은 위를 향한 기도입니다. 기도할 때 우리는 위에 계신 하나님과 사귀며, 그분을 더 깊이 알아 갑니다. 둘째 관점은 안을 향한 기도입니다. 기도하면서 우리는 자신을 성찰하며 주님의 성품을 닮아 갑니다. 셋째 관점은 밖을 향한 기도입니다. 골방에서 기도하지만, 그 기도는 열방을 움직이며 살립니다. 이 세 가지 관점에 더하여 기독교 교리의 핵심 요약이라고 할 수 있는 사도신경, 십계명, 주기도문을 기도의 표준 교과서로 접목해 사귐, 성품, 사역을 위한 기도를 배우게 합니다. 이러한 시도는 기도 생활에 대단히 실제적인 도움이 될 것으로 확신합니다. 세 가지 기도를 근거로 만든 기도 학교 교재도 교회 현장에서 매우 유익하게 사용되리라고 확신합니다. 성경적 기도를 통해 기도의 지평이 활짝 열리기를 바라는 분들은 필독하기를 적극 추천합니다.

▶ **박성규** 총신대학교 총장

주님 안에서 동역자 된 저자는 교회 현장에서의 경험을 통해 '성경적 기도'는 무엇인지를 고민하며, 하나님께 쓰임 받기 위해 최선을 다하는 귀한 사역자입니다. 이번에 출간된 《기도를 배우다》는 하나님을 바라보는 '위를 향한 사귐의 기도', 주님을 닮아 가는 '안을 향한 성품의 기도', 민족과 열방을 품고 나아가는 '밖을 향한 사역의 기도'에 대한 저자의 몸부림과 함께 성도들의 각양각색(各樣各色) 이야기가 잘 어우러져 있습니다. 기도에 대한 책들이 넘쳐나는 이 시대에 지면(紙面)마다 담겨진 진솔한 고백은 기도하는 그리스도인을 위한 내비게이션의 역할을 충분히 감당할 것입니다.

▶ **오정현** 사랑의교회 담임목사

기도는 성도의 삶에 있어서 피할 수 없는 본질적 주제입니다. 저는 "기도가 가는 대로 인생이 흘러간다"라는 명제를 가슴에 품고 목회를 하고 있습니다. 신실한 목회자인 저자는 본서를 통해 기도라는 주제를 다루고 있습니다. 이 소중한 책자에는 개인의 삶과 목회 현장에서 만나는 수많은 인생사를 기도와 연결 지으며 치열하게 해답을 찾아가는 과정과 결과물이 담겨져 있습니다. 적어도 얍복 강가에서 천사와 씨름하던 야곱처럼 주님 앞에서 기도라는 주제를 붙잡고 씨름한 경험이 있는 성도라면 이 책에서 한줄기 은총의 빛을 발견하리라 확신합니다. 성도들에게 성경적인 기도론을 가르치기를 원하는 목회자나 기도의 본질을 붙잡고 순례자의 길을 걷기 원하는 성도라면 이 책을 통해 큰 힘과 용기를 경험하게 될 것입니다.

▶ **오정호** 새로남교회 담임목사, 대한예수교장로회 총회장

오늘날을 수축 시대라고 하는데, 영적으로는 더욱 심각한 수축 시대로 접어들고 있습니다. 한때 한국 교회는 기도의 뜨거운 열기가 가득했고, 기도원도 인산인해를 이루었습니다. 하지만 점점 기도가 약해지고, 기도하는 사람들을 찾기가 어렵습니다. 과거에 보편적으로 경험했던 기도의 열정과 응답의 이야기가 전설 같은 간증으로 여겨지는 시대입니다. 이런 때에 개인적으로 깊은 기도의 영성을 가졌을 뿐 아니라, 성경적으로 올바른 균형을 가진 저자의 기도 지침서는 우리에게 단비와 같습니다. 기도에 대한 성경적인 깊이는 물론, 사역의 현장에서 축적된 경험이 균형 잡혀 있는 이 책에는 실제로 기도해 본 사람만이 전해 줄 수 있는 실천적인 내용으로 가득합니다. 평소에 가까이서 느끼는 저자의 따뜻한 인품과 영적인 깊은 내공이 책에서 고스란히 느껴집니다. 깊이 있는 내용을 쉬운 언어로 잘 적용하도록 돕는 이 책이 성도들에게 좋은 기도의 길잡이가 되리라 확신합니다.

▶ **이인호** 더사랑의교회 담임목사, 사단법인 복음과도시 이사장

나는 신앙의 부모님 덕분에 소위 모태 신앙인으로
태어났고, 어려서부터 교회에서 성장했다. 고등학교를 졸업
할 때까지 다녔던 교회는 정통 장로교단에 소속되어 있었지
만 뜨겁게 기도하는 교회였다. 나의 첫 교회이자 모교회의
기도 모습을 간략하게 요약하자면 목이 쉴 정도로 부르짖는
기도, 간절히(간이 저리도록) 애원하는 기도, (기도를 시작하면) 적어
도 한 시간 정도는 가볍게 채우는 기도였다. 누가 가르쳐 주
거나 알려 주지는 않았지만 교회의 이러한 기도 모습은 자연
스럽게 나의 기도 패턴으로 자리 잡았다.

어린 시절부터 나는 뜨겁게 기도하는 교회의 분위기에 젖
어들었다. 중·고등학교 시절에는 하굣길에 자주 교회에 들

러 한 시간씩 기도하고 집으로 돌아가곤 했다. 교회 친구들이 모여 함께 기도할 때는 암묵적으로 기도 배틀(?)이 벌어졌다. 누가 더 큰 소리를 내며 열정적으로 기도하는지, 누가 더 오랫동안 기도하며 마지막까지 남아 있는지가 기도 배틀의 승패를 좌우했다. 아무도 이런 룰이 있다고 명시적으로 이야기하지 않았지만, 당시 기도하던 친구들에게는 기도 배틀에서의 승리를 위한 룰로 자연스럽게 인식되어 있었다. 그래서 한번 기도를 시작하면 침을 튀어 가며 목이 쉴 때까지 부르짖었고, 기도하는 중간에 가끔씩 실눈을 뜨고 다른 친구들이 있는지 없는지를 살펴볼 때도 있었다. 다른 건 몰라도 기도하는 일에 있어서만큼은 절대로 2인자가 되고 싶지 않았기 때문이다.

지금 생각해 보면 주님이 그토록 경계하신 '하나님이 아닌 다른 사람을 의식하는 기도이자 중언부언하는 기도'의 전형적인 모습이었지만, 그 당시에는 말도 안 되는 룰을 적용하며 기도 배틀의 승자가 되는 것을 꽤나 자랑스러워했던 것 같다. 아무튼 어려서부터 다녔던 모교회는 강청 기도, 철야 기도, 금식 기도, 방언 기도 등을 통해 기도의 불길이 활화산처럼 활활 타오르던 교회였다.

그런데 고등학교를 졸업하고 신학교에 입학해 동기들과 교제하면서 나의 기도 패턴이 내가 속한 장로교단의 분위기와는 사뭇 어울리지 않는 모습이라는 것을 알게 되었다. 나의 기도 모습이 정통 장로교보다는 순복음에 더 가깝고 더 잘 어울린다고 이야기하는 친구도 있었다. 그러거나 말거나 나는 일정 기간 동안 내 방식을 고수했다. 이유는, 기도 생활을 시작한 이후로 오랜 세월 동안 지속해 온 기도 패턴을 바꾸기가 힘들었을 뿐 아니라 바꿀 마음도 없었기 때문이다. 그 당시 나는 부르짖지 않으면, 적어도 한 시간 이상 기도하지 않으면 기도한 것 같지 않았다. 그야말로 한자리에 앉아 오랜 시간 동안 목이 칼칼해질 때까지 간절히 부르짖어야 뭔가 마음에 시원함을 느끼면서 일종의 영적인 카타르시스를 경험할 수 있었다.

하지만 이런 기도 패턴은 사역을 시작하면서부터 강제로(?) 바뀔 수밖에 없었다. 내가 속한 교단 산하의 교회들 대부분은 부르짖는 기도보다는 침묵 기도 혹은 묵상 기도에 더 익숙해 있었기 때문이다. 일례로 새벽 예배 후 기도 시간이 되면 절대다수의 성도들이 조용히 기도한다. 풋내기 전도사 시절에는 조용한 기도 분위기가 기도하지 않는 교회라는 반증이라고 생각했다. 그래서 나라도 기도의 불이 꺼진 교회에 기도의 불길을 일으키는 불쏘시개 역할을 해야 한다는 이상한 사명감에 사로잡혀 홀로 부르짖는 기도를 많이 했다. 그러던 어느 날, 성도 한 분이 부르짖어 기도하던 내 귀에 대고 "전도사님! 우리 하나님은 귀먹지 않았어요! 조용히 기도해도 다 들으세요!" 하는 말을 건네셨다. 이 말을 들은 다음부터는 더 이상 소리를 내어 기도할 수가 없었다. 왜냐하면 나의 부르짖는 기도가 마음을 다해 조용히 기도하는 성도들의 기도를 방해할 수도 있다는 생각이 들었기 때문이다.

이 일을 계기로 나의 기도 패턴은 조금씩 바뀌기 시작했다. 큰 소리로 부르짖던 기도에서 나만 알아들을 수 있는 정도의 소리로 읊조리는 기도로, 급기야 기도 시간에 입은 움직이지 않고 말하려는 것을 마음에 담아 내 생각을 하나님께 아뢰는 침묵 혹은 묵상 기도로 바뀌었다. 처음에는 낯설었지만, 이런 기도 패턴도 일정 기간 반복하다 보니 익숙해졌을 뿐 아니라, 언제부터인가 성경을 읽고 묵상한 말씀을 붙잡고 고요한 침묵 속에 올려 드리는 묵상 기도가 부르짖는 강청 기도보다 더 깊은 영혼의 울림이 있다는 생각을 하게 되었다. 그러다가 기도는 부르짖는, 혹은 묵상하는 것과 같은 어떠한 형식이 아니라, 하나님께 올려 드리는 우리 마음의 중심(진심과 전심)이 훨씬 더 중요하다는 것을 깨닫게 되는 사건이 있었다.

미국에서 가족(아내와 어린 두 딸)과 함께 어렵게 유학 생활을 하던 때가 있었다. 그 당시 열심히 살 때는, 주 중에는 하루에 여덟 시간을 공부하고 여덟 시간을 일했다. 주말에는 피자 배달을 하고, 방학 때는 짐 나르는 일을 했다. 그래야만 학비와 생활비를 충당할 수 있었기 때문이다. 그런데 할 수 있는 최대치의 에너지를 쏟아 내며 공부하고 일하던 어느 날, 몸에 무리가 되었는지 얼굴 한쪽에 마비가 와서 입이 돌아가고 눈이 잘 감기지 않는 안면신경마비, 즉 구안와사(口眼喎斜)가 왔다. 한 달을 벌어 한 달을 살아야 하는 당시로서는 매우 난감한 상황이었다. 이대로 유학 생활을 포기하고 다시 한국으로 돌아갈 수도 있겠다는 생각이 들 정도로 매우 심각한 상황이었다. 그럼에도 한 달 동안 아무 일도 하지 못한 채 침을 맞으러 다녀야 했다. 공부와 가족 부양에 대한 스트레스로 속은 새까맣게 타들어 가는데 정작 할 수 있는 일은 아무것도 없었다.

하나님은 벼랑 끝에 위태롭게 서 있는 나를 기도의 자리로 이끌어 주셨다. 그리고 그 기도의 자리에서 나를 만나 주셨다. 그러면서 그동안 공부한다는 핑계로, 일한다는 핑계로, 사역한다는 핑계로 기도 생활을 게을리 했다는 사실을 깨닫게 하시고는 나의 영적 상태가 어떠한지를 보여 주셨다. 당시 깨닫게 된 나의 영적 상황은 마치 요한계시록에 나오는 라오디게아교회처럼 하나님을 전심으로 의지하는 것도 아니고, 그렇다고 해서 완전히 세상으로 향한 것도 아닌 그야말로 어정쩡한 상태였다. 하나님은 이런 나를 책망하며 이렇게 물으셨다.

"너는 언제까지 나와 세상 사이를 왔다 갔다 하며 아슬아슬한 줄타기를 계속하려고 하느냐? 나를 어설프게 의지하지 말고 전심으로 의지해 보지 않겠니?"

나는 하나님이 들려주시는 세미한 음성에 뜨거운 회개의 눈물을 흘렸다. 그리고 결단했다.

"하나님! 남은 유학 생활은 전심으로 하나님만 바라보며 의지하겠습니다!"

그 이후로 나는 아내와 함께 건강, 공부, 학비, 생활비, 자녀, 미래 등 인생의 모든 문제의 주권을 갖고 계신 하나님을 전적으로 신뢰하며 절박한 심정으로 영적 배수진을 치고 전심으로 하나님께 기도하기 시작했다. 이때부터는 형식에 구애받지 않고, 그야말로 기도의 영인 성령님께 나 자신을 맡기며 그분이 이끄시는 대로 다양한 형식의 기도 훈련을 받게되었다. 성령님은 때로 나를 나의 부족함과 연약함을 깨달을 수 있는, 주의 은혜를 구하고 도움을 요청하는 울부짖는 강청 기도의 자리로 이끄셨다. 또 다른 때는 고요히 하나님이 어떤 분인지를 생각하고 그분이 내 삶 가운데 행하신 크고 놀라운 일들을 묵상하는 침묵 기도의 자리로 이끄셨다. 그런가 하면 하나님이 이미 내 삶 가운데 베푸신 큰 자비와 긍휼을 깨닫게 하심으로 찬양과 감사 기도의 자리로 이끄실 때도 있었다. 이처럼 기도의 마스터이신 성령 하나님은 기도의 다양한 변주곡을 통해 하나님이 기뻐하시는 기도는 우리 마음의 중심, 즉 우리의 진심과 전심을 다해 드리는 것임을 확실하게 일깨워 주셨다.

요즘에는 예전과는 다르게 성도들이 교회를 결정할 때 그 교회가 어느 교단인지를 보기보다는 얼마나 집에서 가까운지, 얼마나 말씀이 좋은지, 얼마나 예배에 은혜가 있는지, 얼마나 주일학교가 잘되어 있는지에 더 많은 비중을 둔다. 그러다 보니 교회들마다 다양한 교단적 배경을 가진 성도들이 교회 구성원이 되는 경우가 많다. 내가 목회하는 교회에 등록하는 새가족들도 보면 장로교, 감리교, 성결교, 침례교, 오순절 등 그야말로 다양한 교단적 배경을 가지고 있다.

동일 교단 내에서도 교회들마다, 성도들마다 기도하는 모습이 다양하다면, 서로 다른 교단적 배경을 가진 성도들이 함께 모여 한 교회에서 신앙생활할 때 기도하는 모습이 얼마나 더 다양할지 충분히 짐작할 수 있다. 실제로 나는 목회 현장에서 너무나 다양한 기도 모습을 목격해 왔다. 한번 기도를 시작하면 한 시간을 훌쩍 넘기고도 아직 뭔가 아쉽다는 마음으로 기도를 마치는 성도가 있는가 하면, 이른 새벽을 깨우고 기도의 자리에 왔다가 기도가 시작되면 5분도 안 돼서 더 이상 기도할 것이 없다며 자리를 떠나는 성도가 있다. 한번 기도를 시작하면 기도가 끝날 때까지 큰 소리로 부르짖을 뿐 아니라 중간에 말이 끊어지지 않게 속사포처럼 이어 가며 기도하는 성도가 있는가 하면, 기도하는 시간 내내 입 밖으로는 한마디도 말하지 않고 마음속으로 기도하는 성도가 있다. 그런가 하면 평생을 교회 안에 머물고 있으면서도 기도의 영광과 능력을 도무지 체험하지 못하는 성도, 기도 응답의 경험이 전무한 성도, 기도에 대한 어떤 기대감이나 사모함이 없는 성도, 그래서 신앙생활하면서도 기도를 거의 하지 않는 성도가 있다. 반면에 기도하기만 하면 하나님의 음성을 듣고 하나님으로부터 기도 응답을 받았다고 말하는 성도, 그래서 주변으로부터 기도의 용사라 불릴 만큼 기도하는 일에 진심일 뿐 아니라 기도하는 데 항상 앞장서는 성도가 있다. 그런가 하면 누가 봐도 기도에 진심이고 열심이기는 한데 도무지 삶의 변화가 없는 성도, 오히려 기도하면서 자기 고집과 자기주장만 세지는 성도, 도무지 다른 사람의 이야기를 들으려고 하지 않는 고집불통인 성도, 그래서 오히려 기도의 부정적 이미지만을 심어 주는 성도가 있다.

이처럼 한 교회 안에서도 기도하는 모습은 그야말로 각양각색이다. 조금 과장해서 말한다면, 열 명의 교인이 있는 교회라면 기도하는 모습이 10인 10색이다. 백 명의 교인이 있는 교회라면 기도하는 모습이 100인 100색이다. 천 명의 교인이 있는 교회라면 기도하는 모습이 1,000인 1,000색이다.

나는 지금까지 걸어온 나의 기도 여정을 되돌아보면서 그리고 내가 사역하고 있는 교회 현장에서의 너무나도 다양한 기도 모습을 지켜보면서 우리의 기도 패턴이 하나님이 원하시는 기도가 무엇인지를 배우거나 생각하고 형성된 것이 아니라, 그저 각자가 처음 신앙생활하면서 출석하게 된 교회의 기도 분위기를 따르면서 자연스럽게 정해진 경우가 많다는 사실을 깨닫게 되었다. 이런 깨달음 속에서 언제부터인가 '과연 하나님이 기뻐하시는 성경적인 기도'가 무엇인지를 제대로 알아봐야겠다는 생각을 갖기 시작했다. 그리고 그때부터 이 질문에 대한 답을 얻기 위해 세 가지 노력을 해 왔다. 먼저는, 성경에 나오는 기도와 관련된 성구를 모두 뽑아서 성경에서는 기도를 어떻게 정의하고 가르치는지를 정리해 보았다. 다음으로는, 서재에 가득한 기도를 주제로 한 책들을 읽으며 기도의 대가들은 기도를 어떻게 정의하고 가르치는지를 살펴보았다. 마지막으로는, 날마다 기도의 자리에서 기도의 영이신 성령 하나님께 성경적인 기도가 무엇인지를 가르쳐 달라며 간구했다.

이렇게 세 가지 방향에서 성경적 기도의 길이 무엇인지를 찾기 위해 진지하게 몸부림을 치던 여정 속에서 성경적 기도는 세 가지로 정리될 수 있음을 깨닫게 되었다. 첫째, 성경적 기도는 하늘에 계신 하나님을 만나 교제하는 것이다(위를 향한 사귐의 기도). 둘째, 성경적 기도는 우리를 구원하신 주님의 성품을 닮아 가는 것이다(안을 향한 성품의 기도). 셋째, 성경적 기도는 기도의 골방에서 세계 민족과 열방을 품으며 하나님 나라 사역에 동참하는 것이다(밖을 향한 사역의 기도).

이렇게 세 가지 방향에서 성경적 기도에 대한 정의를 내리고 기도 훈련을 계속하다 보니 교회의 가장 소중한 유산 세 가지가 성경적 기도의 표준 교과서로 사용될 수 있다는 사실을 깨닫게 되었다. 그것은 바로 사도신경, 십계명, 주기도문이다. 이 세 가지는 그리스도인들이 가장 먼저 그리고 가장 깊이 배워야 하며, 가장 완전하게 습득해야 하는 기독교 신앙과 교리의 표지이자 핵심이다. 또한 이것들은 그리스도인들이 무엇을 믿어야 하고(사도신경), 그리스도인으로서 어떻게 살아야 하며(십계명), 하나님과 어떻게 교제할 수 있는지(주기도문)에 대한 방법을 알려 주는 매우 완벽한 지침서이다.

위를 향한 사귐의 기도를 위한 표준 교과서는 사도신경이다. 안을 향한 성품의 기도를 위한 표준 교과서는 십계명이다. 밖을 향한 사역의 기도를 위한 표준 교과서는 주기도문이다. 나는 그동안 기도하면서 깨닫고 정리한 것들을 가지고 '성경적 기도 훈련 학교' 교재를 만들어 섬기는 교회에서 1년 동안 '성경적 기도 훈련 학교'를 진행해 봤다. 그 결과 본 과정을 수료한 성도들로부터 기대 이상의 피드백을 받게 되었다.

"평생 기도 생활을 했지만 정작 올바른 기도가 무엇인지 몰랐는데, 이번에 성경적 기도가 무엇인지를 확실하게 배울 수 있었다. 항상 기도를 응답의 관점에서만 생각하다 보니 나의 기도에 속 시원하게 응답하지 않으시는 하나님 때문에 늘 서운했는데, 성경적 기도가 무엇인지를 배우고 난 후부터는 더 이상 응답의 관점에서만 기도를 바라보지 않게 되었다. 이제는 하나님을 알아 가고, 주님을 닮아 가며, 기도의 골방에서 하나님 나라 사역에 동참하는 것이 진짜 기도라는 것을 알게 되었다. 사귐의 기도를 하면서 하나님을 더 깊이 알게 되다 보니 하나님을 알아 가는 만큼 내 삶 속에 펼쳐진 문제가 더 작아지는 신기한 경험을 하게 되었다. 성품의 기도를 통해 나 자신을 돌아보면서 온유하고 겸손하신 주님의 성품을 닮아 가려고 몸부림치다 보니 가족들이 내 언어 생활이 달라졌다며, 부드럽고 너그러운 마음의 소유자로 바뀐 것 같다는 놀라운 증언을 해 주었다. 사역의 기도를 통해 기도의 골방에서 하나님 나라 사역에 동참하며 교회 사역과 세계 선교를 위해 기도하다 보니 마치 내가 하나님의 손과 발이 되어 구체적으로 쓰임 받는 것 같다는 생각이 들었다.”

이 책은 크게 두 가지 방향으로 구성되어 있다. 먼저, 성경적인 기도가 무엇인지를 ‘위를 향한 사귐의 기도’, ‘안을 향한 성품의 기도’, ‘밖을 향한 사역의 기도’ 관점에서 정리했다. 다음으로, 성경적인 기도의 세 가지 관점에서 만든 '성경적 기도 훈련 학교' 교재 내용을 실어서 개인적으로 혹은 교회 차원에서 성경적 기도 훈련을 할 수 있도록 했다. '성경적 기도 훈련 학교'는 15주 과정으로 부록에 있는 교재를 중심으로 일주일에 한 번씩 한 시간 동안 진행된다. 매주 과제는 주 5일 이상, 매일 한 시간 이상씩 시간과 장소를 정해 사귐의 기도, 성품의 기도, 사역의 기도를 각각 20분씩 실천하는 것이다.

지금껏 성경적 기도의 길이 무엇인지를 알기 위해 몸부림쳤던 일련의 과정이 이미 기도의 대가들이 기도에 대해 쓴 보석 같은 책들이 많이 있음에도 불구하고 또 한 권의 기도 지침서를 낼 수 있는 용기를 주었다. 이 책이 기독교의 기도가 다른 종교의 기도와 무엇이 어떻게 다른지를 알고 싶어 하는 분들, 하나님이 기뻐하시는 성경적인 기도가 무엇인지를 배우고 싶어 하는 분들 그리고 성경이 말하는 기도의 영광과 능력이 무엇인지를 실제로 체험하고 싶은 분들에게 내비게이션 역할을 할 수 있기를 바란다.

아울러 이 책을 쓸 수 있도록 시간을 배려해 주시고, 기도와 사랑과 섬김으로 격려해 주신 창훈대교회 당회와 성도님들께 감사의 인사를 전한다. 또한 부족한 아들을 위해 일평생 기도의 모범을 보여 주신 부모님과 사역의 모든 여정을 기도로 함께해 준 사랑하는 아내 그리고 삶의 큰 기쁨이 되어 준 두 딸과 아들 그리고 사위에게 고마운 마음을 전한다.

2023년 11월

이상복

위를 향한
사귐의
기도

1. 사귐의 기도 핵심은 하나님을 바로 알기

기도가 없는 종교는 없다. 기도는 종교를 지탱하는 힘이자 원천이다. 하지만 종교마다 기도의 개념과 목적은 사뭇 다르다. 기도를 통해 무엇을 구하는지를 살펴보면 그 종교를 알 수 있다. 기도를 통해 해탈을 구하면 그 종교는 현실 도피의 종교다. 기도를 통해 세속의 복을 구하면 그 종교는 기복의 종교다. 이처럼 기도를 보면 그 종교의 수준을 알 수 있고, 기도의 내용을 보면 그 사람의 수준을 알 수 있다.

이런 면에서 교회와 성도들의 기도 생활은 매우 중요하다. 우리의 기도 수준이 우리가 믿는 기독교의 수준을 결정하기 때문이다. 우리의 기도 내용이 주로 현세적인 복, 즉 성공,

부, 건강, 자녀, 평안에만 머물러 있다면, 세상 사람들은 기독교를 기복 종교로 단정하게 될 것이다. 그러므로 기도하는 것도 중요하지만, 하나님의 뜻대로 바르게 기도하는 것이 훨씬 더 중요하다는 사실을 명심해야 한다.

미국의 뉴욕 한복판에 리디머교회를 개척해 방황하는 수많은 젊은이를 주께로 인도한 팀 켈러(Timothy J. Keller) 목사가 쓴 《팀 켈러의 기도》(두란노 역간)라는 책에 보면 "인생의 후반부에 들어서야 기도가 무엇인지 제대로 알았다"고 고백하는 장면이 나온다. 팀 켈러는 가정적으로 아내가 크론병으로 씨름하고 자신마저 갑상선암 진단을 받게 된 직후부터 "기도 말고는 총체적 난국을 헤쳐 나갈 방법이 없다"는 결론을 내린 후 이전과는 다른 방식으로 기도하기 시작했고, 오랜 씨름 끝에 성경적으로 기도하는 법을 배우게 되었다고 말한다.

팀 켈러 목사처럼 인생의 후반부에라도 성경적 기도 방법을 정립해서 기도의 영광과 능력을 체험하며 산다면 그나마 다행이다. 그러나 그리스도인들 가운데는 기도의 중요성을 알고는 있지만, 정작 성경적인 기도가 무엇인지를 잘 모르는 경우가 너무 많다. 그러다 보니 그리스도인들의 기도 생활을 들여다보면 그야말로 천차만별이자 각양각색이다. 10분 정도 기도하면 더 이상 기도할 게 없다는 이들이 있는가 하면,

한 시간을 기도해도 아직 아뢰지 못한 것이 많다며 아쉬워하는 이들이 있다. 기도를 시작하면 처음부터 끝까지 주야장천 (晝夜長川) 큰 소리로 부르짖는 기도를 하는 이들이 있는가 하면, 처음부터 끝까지 입 밖으로는 한마디도 내뱉지 않고 조용히 묵상 기도 혹은 침묵 기도를 하는 이들이 있다. 물론 기도하는 방식에 정답은 없다. 성경에도 강청 기도, 묵상 기도, 철야 기도, 금식 기도 등 다양한 기도 방법이 나온다. 하지만 기도에 있어서 중요한 것은 기도의 방법이 아니라 기도의 내용이다. '어떻게' 기도하느냐보다 '무엇'을 기도할 것인가가 훨씬 더 중요하다.

응답받는 기도의 조건은 얼마나 많이, 얼마나 열정적으로 부르짖느냐보다 기도하는 내용이 하나님의 뜻과 얼마나 일치하느냐의 여부에 달려 있다. 우리의 간구가 하나님의 뜻과 일치할 때 그 부르짖음이야말로 놀라운 응답을 가져올 수 있다. 예수님은 "너희는 먼저 그의 나라와 그의 의를 구하라" (마 6:33)라고 말씀해 주셨고, "내 말이 너희 안에 거하면 무엇이든지 원하는 대로 구하라 그리하면 이루리라"라고 약속해 주셨다(요 15:7).

▼ 기도는 하나님과의 사귐이다

이 장에서는 먼저 하나님의 뜻대로 하는 성경적인 기도가 무엇인지를 하나님과의 관계 속에서 살펴보려고 한다. 기도는 무엇보다 위에 계신 하나님께 드리는 것이다. 다시 말하면, 하나님과의 만남과 교제가 기도의 첫 번째 목적이다. 사도 요한은 독자들에게 하나님의 자녀들은 아버지 하나님과의 만남과 사귐이 필요하다며 하나님과 풍성한 교제를 나누라고 권면하고 있다.

> "우리가 보고 들은 바를 너희에게도 전함은 너희로 우리와 사귐이 있게 하려 함이니 우리의 사귐은 아버지와 그의 아들 예수 그리스도와 더불어 누림이라"(요일 1:3).

바울도 에베소교회 성도들을 위해 기도하면서 '그리스도의 사랑의 너비와 길이와 높이와 깊이가 어떠함을 알게 해 달라'고 간구한다(엡 3:18-19). 교회사의 걸출한 세 스승인 어거스틴(Aurelius Augustinus), 마르틴 루터(Martin Luther), 존 칼빈(John Calvin)도 '기도는 가장 먼저 우리의 기도를 받으시는 하나님을 향해야 한다'고 하면서, '하나님을 바로 알고 그분을 만나 교제하는 자리가 되어야 함'을 강조하고 있다. 이처럼 기도의 첫 번째 정의는 하나님과의 사귐이다. 기도는 하나님을 만나는 것이고, 하나님과의 친밀한 사귐을 통해 그분을 더 깊이 알아 가는 것이다.

성경에 의하면 인간이 창조된 목적 중의 하나는 하나님을 알기 위함이다. 그렇기에 우리는 하나님을 바로 아는 것을 인생의 목표로 삼아야 한다. 성경은 하나님을 바로 아는 것이 중요함을 대단히 강조한다.

"우리가 여호와를 알자 힘써 여호와를 알자 … 나는 … 번제보다 하나님을 아는 것을 원하노라"(호 6:3, 6).

예수님이 우리에게 주시는 영생은 하나님을 아는 지식이다.

"영생은 곧 유일하신 참 하나님과 그가 보내신 자 예수 그리스도를 아는 것이니이다"(요 17:3).

우리 삶에 최고의 기쁨과 즐거움과 만족을 가져다주는 것도 하나님을 바로 아는 지식이다.

"그러나 무엇이든지 내게 유익하던 것을 내가 그리스도를 위하여 다 해로 여길뿐더러 또한 모든 것을 해로 여김은 내 주 그리스도 예수를 아는 지식이 가장 고상하기 때문이라"(빌 3:7-8).

20세기 최고의 복음주의 신학자 중 한 명인 제임스 패커(James Packer)는 《하나님을 아는 지식》에서 "오늘날 교회가 갖고 있는 많은 연약한 모습들의 뿌리에는 하나님에 대한 무지, 즉 하나님의 도와 하나님과 교통하는 일에 대한 무지가 자리 잡고 있다"고 말하면서 하나님을 바로 아는 것의 중요성을 강조한다. 그는 하나님을 바로 아는 사람들은 "무엇보다도 먼저 기도하는 사람들이고, 하나님을 향한 열정과 헌신은 기도 안에서 최초로 표현된다"며 하나님을 알아 가는 데 있어서 기도의 자리가 중요함을 일깨워 주고 있다.*

필립 얀시(Philip Yancey)는 《기도》라는 책을 통해 하나님을 바로 알고 기도하는 것이 왜 중요한지를 자신의 기도 경험을 돌아보면서 말하고 있다. 그는 자신의 기도 생활을 돌아볼 때 기도와 관련해 오랫동안 잘못 생각했던 부분이 있었다는 사실을 깨달았다고 말한다.

---

* 제임스 패커, 《하나님을 아는 지식》(IVP), p. 35.

여태까지는 하류에서 시작해서 개인적인 관심사를 상류에 계신 하나님께 올려 보내려고 했었다. 주님이 아무것도 모르고 계시는 것처럼 자신의 상황을 알려드리기에 급급했다. 하나님의 마음을 바꾸고 도저히 거부할 수 없도록 몰아붙이려는 듯 강청하며 매달렸다. 그렇게 아니다. 상류에서 시작해 물길을 탔어야 했다.*

이렇게 기도의 방향을 나로부터 시작해서 위에 계신 하나님께로 올라가는 방식이 아니라, 위에 계신 하나님으로부터 시작해서 아래 있는 나에게로 내려오는 방식으로 바꾸자 새로운 사실들이 눈에 들어오면서 많은 것을 새롭게 깨닫게 되었다고 말한다. 그는 하나님이 개인적인 관심사(암을 앓고 있는 삼촌, 깨어진 가정, 반항적인 십 대 자녀, 전쟁 중인 세상 등)에 대해 벌써부터 자신 이상으로 신경을 쓰고 계셨다는 것을 알게 되었다. 하나님이야말로 세상에서 일어나는 모든 일에 대해 최종적인 책임을 지시는 분이라는 사실도 알게 되었다. 무엇보다 그의 자기중심적인 사고가 바뀌었다. 하나님이 계신 산꼭대기로 기어 올라가 그분이 어떤 분이신지를 묵상하면서 저 아래 꼬물거리는 한 점을 내려다보니, 그동안 자신이 얼마나 이

* 필립 얀시, 《기도》(청림출판), p. 34.

기적이고 자기중심적인 기도만 해 왔는지를 알게 되었다. 필립 얀시는 위에 계신 하나님으로부터 시작되는 기도를 계속하면서 기도는 "하나님께 보여 드릴 지원 물품 요청서가 아니라, 우주의 통치자이신 하나님의 시각으로 자신과 세상의 모든 존재와 사건들을 바라보는 행위임을 깨닫게 되었다"고 고백한다.

▶ 하나님에 대한 살아 있는 지식을 가지라

에베소서를 보면 바울이 에베소교회의 성도들을 위해 드린 첫 번째 기도는 이것이었다.

"우리 주 예수 그리스도의 하나님, 영광의 아버지께서 지혜와 계시의 영을 너희에게 주사 하나님을 알게 하시고"(엡 1:17).

바울이 에베소교회 성도들을 위해 올려 드린 첫 번째 기도 제목은 그들이 하나님을 바로 더 잘 알게 해 달라는 것이었다. 당시 에베소교회 성도들은 언제 닥칠지 모르는 박해, 병에 걸려 죽을 위험, 막강한 권력자들의 탄압, 사랑하는 가족과 강제로 헤어져야 하는 위기 등 오늘날과는 비교도 할 수 없을 만큼 열악한 환경에 놓여 있었다. 바울도 에베소교회 성도들이 처한 형편, 즉 외부적인 박해와 경제적 어려움, 생활고로 인한 고통 등을 너무나 잘 알고 있었다. 그럼에도 불구하고 바울은 그들의 외적 환경과 처지를 바꿔 달라는 기도를 먼저 하지 않고, 그들로 하여금 하나님을 더 잘 알게 해 달라고 기도하고 있다. 바울이 에베소교회 성도들을 위해 간구하고 있는 '하나님을 알게 해 달라'는 것은 피상적이고 형식적인 앎을 뛰어넘게 해 달라는 의미이다.

사실 예수님을 믿는다고 고백은 하지만 머리로만, 지식적으로만, 곧 피상적으로만 하나님을 아는 이들이 너무도 많다. 사도행전 19장에 보면, 바울이 복음을 전하면서 많은 능력을 행하니까 유대인 제사장 스게와의 아들들이 바울의 흉내를 내면서 귀신 들린 사람을 향해 "우리가 바울이 전하는 예수의 이름으로 명하노니, 더러운 귀신아, 그 사람에게서 나오라"고 소리를 쳤다. 그러자 귀신 들린 사람이 어이가 없다는 듯이 "내가 예수도 알고 바울도 아는데, 도대체 너희는 누구냐" 하면서 달려들어 그들을 때려 눕혔다. 그들은 상처를 입고 벌거벗은 몸으로 도망쳐야 했다. 스게와의 아들들이 예수님을 안다고 하는 것은 지식적인 믿음이지 체험적인 믿음이 아니다 보니 귀신을 제압하기는커녕 귀신에게 농락당하고 만 것이다.

주의 형제 야고보는 그의 서신에서 하나님에 대한 피상적인 지식은 귀신들도 갖고 있는 것이라면서 "네가 하나님은 한 분이신 줄을 믿느냐 … 귀신들도 믿고 떠느니라"(약 2:19)라고 말하고 있다. 또한 누가복음 8장을 보면 예수님이 군대 귀신 들린 사람에게 나타나셨을 때 군대 귀신들은 단번에 예수님이 어떤 분이신지를 알아차리고 두려워 떨면서 그 발 앞에 엎드려 큰 소리로 "지극히 높으신 하나님의 아들 예수여, 당신과 내가 무슨 상관이 있나이까? 저를 괴롭게 하지 말아 주소서. 제발 지금 당장 지옥의 무저갱으로 들어가라는 명령만은 하지 말아 주소서!" 하며 간청했다(눅 8:28, 31 참조). 이 장면 이외에도 귀신들은 예수님을 만나고 자신들이 장악하고 있던 어떤 사람에게서 쫓겨날 때마다 예수님이 어떤 분이신지를 그야말로 귀신같이 알고 '이런 유의 고백'을 했다.

마귀와 귀신들도 예수님이 어떤 분이신지, 그 아들 예수를 보낸 하나님이 어떤 분이신지를 너무도 잘 알고 있다. 악한 영들도 하나님의 위대하심과 존엄함, 그분의 영광과 능력을 너무도 잘 알고 있다. 그러나 그것이 전부다. 그들은 주님 앞에서 두려워 떨 뿐, 그분 앞에 진정으로 무릎 꿇지 않는다. 그저 주님 앞에서 도망칠 뿐이다. 그들이 아는 지식은 그들을 참된 회개와 구원의 자리로 이끌지 못한다. 하나님에 대한 그들의 지식은 아무런 쓸모가 없는 죽은 지식에 불과하다.

이런 죽은 지식의 소유자는 귀신들만이 아니었다. 예수님 당시의 종교 지도자들도 하나님에 대해서는 누구보다 해박한 지식을 갖고 있었다. 하지만 그들은 하나님이 보내신 유일한 구원자, 예수 그리스도를 알지 못했다. 오히려 자신들이 갖고 있는 알량한 지식으로 예수님을 정죄하고, 박해하고, 그분을 죽음의 자리로 내몰았다. 그들이 하나님에 대해 갖고 있던 지식은 그들을 살려 낸 것이 아니라, 오히려 그들을 죽게 만들었다. 종교 지도자들은 자신들이 행한 일들을 통해서 사실은 그들의 고백과 확신과는 달리 구약이 예언한 유일한 메시아로 이 땅에 오신 예수님뿐 아니라 그 아들 예수를 이 땅에 보내신 하나님을 전혀 알지 못하고 있음을 스스로 증명해 보였다.

그런데 이것은 예수님 당시의 종교 지도자들뿐 아니라 우리에게서도 얼마든지 나타날 수 있는 문제다. 우리 주변을 살펴보면 하나님에 대해 알고 있고 예수님을 믿는다고 입술로 고백은 하지만 사실은 머리와 지식으로만 피상적이고 형식적으로 아는 것에 불과하고, 그렇기에 그 사람을 생명과 구원의 자리로 이끌지 못하는, 실상은 죽은 지식을 갖고 사는 사람이 많다. 그러다 보니 인생의 위기를 맞이하면 생명의 주가 되신 하나님을 바라보기보다는 어쩔 줄 몰라 하며 두려워한다. 인생의 문제가 생기면 하나님께 도움을 구하지 않고 아등바등하며 스스로 해결하려고 한다. 하나님을 아버지라고 부르면서도 그분이 무엇을 기뻐하시는지 도무지 관심을 기울이지 않는다. 입만 열면 '나는 예수님을 믿고 있다'고, '하나님은 내 아버지'라고 고백하면서도 하나님이 미워하시는 죄들을 대수롭지 않게 짓고 산다. 우리는 이런 안타까운 모습이 다른 사람들에게서가 아니라 우리 자신에게서 발견될 수 있음을 반드시 기억해야 한다. 하나님에 대한 우리의 지식은 실제로 아무런 작동도 하지 않는 죽어 있는 지식일 때가 너무도 많다.

성경을 보면 하나님에 대한 피상적인 지식만 갖고 살다가 어떤 일을 계기로 하나님을 바로 알게 된 사람들의 이야기가 많이 나온다. 창세기에 보면 평소 아버지가 섬기던 하나님에 대해 알고는 있었지만 그 하나님을 직접 체험해 본 적이 없었던 야곱은 벧엘이라는 곳에서 잠을 청했다가 사닥다리 환상을 본 후에야 '여호와께서 과연 여기 계시다'는 사실을 깨닫고는 "두렵도다 이곳이여 이것은 다름 아닌 하나님의 집이요 이는 하늘의 문이로다"(창 28:17)라고 고백했다. 욥은 이해

할 수 없는 고난 앞에서 하나님께 불평과 원망의 말들을 늘어놓다가 나중에 폭풍 가운데 나타나신 하나님을 만나고 난 다음에야 "내가 주께 대하여 귀로 듣기만 하였사오나 이제는 눈으로 주를 뵈옵나이다"(욥 42:5)라고 고백하면서 자신의 무지와 부족함을 중심으로 뉘우치며 회개했다(욥 40:4, 42:6). 이처럼 누구든지 하나님을 제대로 만나게 되면, 그분의 거룩하심과 자신의 죄인 됨을 깨닫고 하나님에 대한 경건한 두려움을 갖게 된다(이사야, 베드로).

하나님을 바로 알게 되는 체험은 성경의 역사에서뿐 아니라 지금도 계속되고 있다. 인류 역사의 위대한 지성으로 꼽히는 파스칼(Blaise Pascal)은 그리스도인 철학자였다. 그가 세상을 떠난 직후, 그가 입고 다니던 코트 안쪽에서 바느질해 붙인 천 조각이 나왔다. 거기에는 어느 날 밤에 겪었던 일이 기록되어 있었다.

> 1654년, 11월 23일, 월요일. 밤 열시 반부터 열두시 반까지 … 철학자나 좀 배웠다는 자들의 주님이 아니라 아브라함의 하나님, 이삭의 하나님, 야곱의 하나님. 확신. 확신. 느낌. 기쁨. 평안.*

---

* 팀 켈러, 《팀 켈러의 기도》(두란노), p. 235.

파스칼은 이날의 경험을 통해 하나님을 지식적으로가 아니라 체험적으로 알게 되었다는 의미로 이 기록을 간직하며 살았다. 19세기 후반, 시카고의 소문난 목회자 무디(Dwight L. Moody)의 경우도 마찬가지다. 그는 이렇게 적었다.

> 뉴욕에 머물고 있던 어느 날이었다. 얼마나 멋지고 놀라운 날인지! 뭐라고 해야 할까, 도무지 형언할 수가 없다. 너무도 거룩한 사건이어서 똑 부러지게 옮길 도리가 없다. … 기껏해야 하나님이 스스로 모습을 드러내셨다고 고백할 수 있을 따름이다. 주님의 사랑을 얼마나 절절하게 경험했던지 그분의 수중에 머물게 해 주시길 간청할 수밖에 없었다.*

파스칼과 무디가 이 체험을 하기 전까지는 신자가 아니었다든지, 그리스도의 사랑과 임재를 전혀 몰랐다는 것을 이야기하는 것이 아니다. 하나님에 대해서 피상적으로, 지식적으로 아는 것이 아니라, 개인적이고 체험적인 차원에서 확실히 알게 되었다는 말을 하고 있는 것이다.

이미 하나님을 알며 믿고 있었던 모세는 그 정도로 만족하

---

* 같은 책, p. 236.

지 않고 "원하건대 주의 영광을 내게 보이소서"라고 간구했다(출 33:12-18). 거룩하신 하나님 앞에서 이스라엘 백성을 가나안 땅으로 이끌기에는 자신이 너무도 무능하고 부족함을 절실히 깨달았기 때문이다. 시편 42편의 기자는 "사슴이 시냇물을 찾기에 갈급함같이 내 영혼이 주를 찾기에 갈급하니이다 내 영혼이 하나님 곧 살아 계시는 하나님을 갈망하나니"(시 42:1-2)라고 기도했다. 시편 기자는 교과서의 하나님, 지식으로 알고 있는 하나님, 머릿속에만 담겨 있는 하나님이 아니라, 삶 가운데서 직접 체험되는 하나님, 그래서 삶의 변화까지 이끌어 낼 수 있는 하나님에 대한 참된 지식을 간구한 것이다.

우리에게도 하나님을 바로 알아 가는 일은 선택 사항이 아니라 필수 사항이다. 하나님에 대한 바른 지식은 특별한 은사와 체험을 한 소수의 성도들만 누릴 수 있는 특권이 아니라, 모든 성도에게 약속되어 있는 것이다.

> "또 주께서 이르시되 그날 후에 내가 이스라엘 집과 맺을 언약은 이것이니 내 법을 그들의 생각에 두고 그들의 마음에 이것을 기록하리라 나는 그들에게 하나님이 되고 그들은 내게 백성이 되리라 또 각각 자기 나라 사람과 각각 자기 형제를 가르

처 이르기를 주를 알라 하지 아니할 것은 그들이 작은 자로부

터 큰 자까지 다 나를 앎이라"(히 8:10-11).

사도 베드로는 오순절 성령 강림 설교를 통해 요엘 선지자

의 예언, 즉 "말세에 내가 내 영을 모든 육체에 부어 주리니

너희의 자녀들은 예언할 것이요 너희의 젊은이들은 환상을

보고 너희의 늙은이들은 꿈을 꾸리라"라는 예언이 성취되었

음을 선포했다(행 2:17-18).

우리는 하나님을 아는 지식이 얼마나 부족한지, 얼마나 피

상적이고 추상적인지를 알아야 한다. 우리는 위를 향한 사귐

의 기도를 통해 하나님을 더 잘 알게 해 달라고 간구해야 한

다. 그래서 하나님을 머리로, 지식으로 아는 것이 아니라 마

음으로, 삶으로, 체험적으로 경험해야 한다.

2.

사귐의 기도를 위한 표준 교과서, 사도신경

우리가 하나님을 바로 알려면 성경을 읽어야 한다. 성경은 하나님이 어떤 분이신지를 알려 주기 때문이다. 성경을 읽어야 하나님이 천지 만물을 창조하신 분이고, 이 세상을 다스리시는 분이고, 죄를 용납하지 않는 공의로우신 분이고, 반면에 죄인들을 긍휼히 여기는 사랑이 많으신 분이라는 사실을 깨달을 수 있다.

그러므로 기도 생활은 항상 말씀 생활과 병행되어야 한다. 기도하는 만큼, 성경을 읽어야 한다. 기도만 하고 성경을 읽지 않으면 자기 생각대로 기도하게 된다. 자기 생각대로 기도하면 아무리 기도해도 응답을 받을 수 없다. 오히려 하나님의 뜻과 멀어져 자기 동굴을 파게 되고, 자기주장과 자기 고집의 편견에 갇혀 버리게 된다. 자기 소견대로 하는 기도는 비극이다. 이런 비극을 막으려면 성경을 읽고 하나님이 어떤 분이신지를 알아 그분의 뜻을 배워야 한다. 그래서 하나님의 뜻에 맞게 기도해야 한다.

이처럼 기도와 성경은 서로 뗄 수 없는 관계다. 성경과 기도는 서로 한 덩어리다. 그러므로 기도하는 사람이라면 언제나 성경 말씀에 귀를 기울이고, 성경 말씀을 연구하고 묵상하면서 말씀 속에 거하시는 하나님과 그분의 뜻을 더 잘 알아가야 한다.

성경이 증거하는 방대한 하나님을 가장 핵심적으로 집약해 놓은 것이 바로 '사도신경'이다. 그래서 위에 계신 하나님을 향하는 기도를 드릴 때 사도신경을 표준 교과서로 사용하면 큰 유익을 얻을 수 있다. 사도신경은 성경이 증거하는 하나님과 그분이 성취하신 일에 대한 모든 것을 포괄하지는 않지만, 우리가 반드시 알아야 하는 가장 핵심적인 내용들을 요약해 주고 있기 때문이다. 그렇기에 우리는 기도할 때마다 사도신경을 통해 하나님이 어떤 분이신지를 기억하고 그분이 이루신 일이 무엇인지를 묵상하면서 하나님과의 깊이 있는 만남과 친밀한 사귐을 가질 수 있다.

▼ 삼위일체 하나님은 어떤 분이신가

사도신경은 크게 두 부분으로 나눌 수 있는데, 앞부분은 삼위일체 하나님이 어떤 분이신지에 대한 것이다. 우리는 사도신경에 나오는 삼위일체 하나님을 묵상하며 이런 기도를 올려 드릴 수 있다.

"나는 전능하신 아버지 하나님, 천지의 창조주를 믿습니다."

이 고백 속에는 '나는 하나님이 말씀으로 천지 만물을 만드신 창조주라는 사실을 믿습니다. 하늘의 영적 존재들이나 땅의 피조물들은 모두 하나님이 만드셨습니다. 그렇기에 하나님만이 하늘과 땅의 유일한 주인이십니다. 그런데 그 하나님은 전능하신 분입니다. 하나님은 하고자 하는 것은 무엇이든지 하실 수 있습니다. 하나님에게는 능력의 한계가 없습니다. 또한 전능하신 하나님은 나의 아버지가 되십니다. 아버지 하나님은 나의 모든 필요, 즉 경제, 건강, 정서, 영성, 가정, 자녀, 미래 등의 모든 필요를 다 채워 주십니다(마 6:32, 7:11; 롬 8:32). 전능하신 하나님 아버지가 나와 함께하며 나를 지켜 주시기에 삶 속에서 어떤 문제를 만나든지 나는 능히 이겨 낼 수 있습니다'라는 뜻이 담겨져 있다.

"나는 그의 유일하신 아들, 우리 주 예수 그리스도를 믿습니
다"(성령으로 잉태됨, 동정녀 탄생, 죽음, 부활, 승천, 재림).

이 고백 속에는 '나는 하나님의 유일하신 아들, 예수 그리
스도를 믿습니다. 예수님은 이 땅에 오시기 전 말씀으로 계
셨던 하나님입니다. 그러나 우리를 구원하기 위해 인간의 몸
을 입고 이 땅에 내려오셨습니다. 우리의 구원자가 되려면
죄가 없으셔야 했기에, 주님은 성령으로 잉태되고 처녀인 마
리아에게서 태어나셨습니다. 예수님은 아무런 죄가 없음에
도 빌라도에 의해 사형 선고를 받으시고, 우리 죄를 대신 해
서 십자가에 달려 죽으셨습니다. 우리의 죗값을 모두 지불하
고 죽으신 예수님은 삼 일 만에 다시 부활하셨습니다. 예수
님은 구원의 사역을 완성한 후 다시 하늘로 올라가셨습니다.
예수님은 지금 하늘 보좌 우편에 앉아 계십니다. 하지만 훗
날 산 자와 죽은 자를 심판하기 위해 다시 이 땅에 오실 것을
믿습니다'라는 뜻이 담겨져 있다.

"나는 성령을 믿습니다."

이 고백 속에는 '나는 성령 하나님을 믿습니다. 성령은 예수의 영으로(행 16:7), 우리가 하나님 앞에 죽을 죄인임을 깨닫게 하시고, 우리가 우리의 유일한 구원자인 예수님을 믿게 해 주십니다. 성령은 양자의 영으로(롬 8:15), 우리가 하나님을 아버지라 부르며 그분의 자녀로 살게 해 주십니다. 성령은 진리의 영으로(요 14:17, 26), 하나님의 말씀을 통해 끊임없이 우리를 교훈하시고, 책망하시고, 바르게 해 주시고, 우리가 하나님이 기뻐하시는 의의 길을 걸어가게 해 주십니다. 성령은 기도의 영으로(롬 8:26), 우리가 하나님의 뜻대로 기도하게 해 주십니다. 성령은 성결의 영으로(고전 3:16), 우리가 죄의 더러움에 우리 자신을 내어 주지 않고 하나님이 거하실 만한 거룩한 성전이 되게 해 주십니다. 성령은 전도와 선교의 영으로(행 1:8), 우리가 예수 그리스도의 복음을 불신 영혼들에게 전하게 하시고, 그것을 통해 생명과 구원의 역사가 이 땅에 가득하게 해 주십니다'라는 뜻이 담겨져 있다.

▼ 삼위일체 하나님의 사역의 결과

사도신경의 뒷부분은 삼위일체 하나님의 사역의 결과

에 대한 것이다. 사역의 결과도 크게 두 부분으로 나눌 수 있다. 먼저는 교회에 대한 것이다.

"나는 거룩한 공교회와 성도의 교제를 믿습니다."

이 고백 속에는 '삼위일체 하나님이 서로 협력해서 이 땅에 남겨 주신 가장 큰 유산은 바로 교회입니다. 교회는 건물이 아닙니다. 교회는 예수 믿는 성도들의 모임입니다. 교회는 우리가 장차 들어가게 될 천국의 모습을 이 땅에서 미리 보여 주는 모델 하우스입니다. 교회는 하나님 나라를 이 땅에 가져오기 위해 하나님이 이 땅에 세워 두신 가장 중요한 전략적 거점입니다. 교회는 죄로 가득한 세상과는 구별되는 거룩한 모임입니다. '내가 거룩하니 너희도 거룩하라'는 말씀처럼 교회는 거룩을 생명처럼 여겨야 합니다. 또한 예수 믿는 성도들의 모임인 교회는 교단과 교파를 떠나 모두가 주님 안에서 한 가족입니다. 그러므로 교회는 주 안에서 하나 된 가족의 사랑, 형제자매의 친밀한 사랑을 나누어야 합니다'라는 뜻이 담겨져 있다.

삼위일체 하나님이 협력하신 사역의 두 번째 결과는 우리 개인에 대한 것이다.

"나는 죄를 용서받는 것과 몸의 부활과 영생을 믿습니다."

이 고백 속에는 '나는 내가 지은 죄 때문에 죽을 수밖에 없는 비참한 인생이었습니다. 그러나 이제는 하나님이 그 아들, 예수 그리스도를 통해 마련해 주신 복음을 믿음으로 내 모든 죄가 용서받았다는 것을 압니다. 또한 이 땅에서 언젠가는 죽음을 맞이하겠지만, 그것으로 끝이 아니라 마지막 날 예수 그리스도를 통해 다시 신령한 육체를 입고 살아난다는 것 그리고 주님과 함께 영원히 천국에서 살게 된다는 것을 압니다. 이것보다 더 큰 행복은 없습니다'라는 뜻이 담겨져 있다.

우리는 사도신경으로 기도하면서 하나님이 어떤 분이신지, 그분이 하신 일이 무엇인지를 묵상하고 날마다 그분에 대한 믿음을 고백하며 그분과의 친밀한 교제와 사귐을 이어 갈 수 있다. 여기서 성경이 증거하는 삼위일체 하나님과 그분이 하신 일들을 믿는다는 것은 매우 중요하다. 마치 치명적인 암에 걸린 환자가 주치의를 믿는다고 할 때는 전적으로 자신에 대한 그의 진단을 받아들이고, 그에게 치료를 받고, 그의 손에 자신의 목숨을 맡기는 것을 의미하듯이, 성경에서 '하나님을 믿는다'는 것은 우리의 영원한 운명을 그분께 전적으로 맡기고 신뢰한다는 의미이다.

하나님께 우리의 생명과 안전, 건강과 경제, 미래와 운명을 모두 믿고 맡긴다는 것의 의미를 보다 구체적인 예를 들어 설명할 수 있다. 찰스 블론딘(Charles Blondin)은 19세기에 활동한, 세상에서 가장 위대한 밧줄타기 선수였다. 1859년 6월 30일, 그는 역사상 최초로 밧줄을 타고 나이아가라 폭포를 횡단했다. 그가 맹렬하게 흐르는 물줄기 위 50미터 높이에 걸린 330미터 길이의 가는 밧줄 위로 걸어가는 것을 보기 위해 2만5천 명이 넘는 사람이 모여들었다. 그는 그물이나 어떤 종류의 보호 장비도 없이 이 도전에 나서서 성공했다. 그는 그 후로도 이 폭포를 수차례 횡단했다. 한번은 의자와 버너를 가지고 가서 줄 한가운데 앉아 오믈렛을 요리해 먹기도 했다. 또 한번은 자기 매니저를 목말을 태운 채로 폭포를 건너기도 했다. 언젠가 그가 모여든 구경꾼들에게 자신이 한 사람을 외발 수레에 태워 건너게 할 수 있을 것 같은지를 물었고, 군중은 우레와 같은 박수를 보내며 믿는다고 말했다. 그러자 그는 한 사람을 지목하며 "제가 당신을 외발 수레에 태워 줄 테니 타겠습니까?"라고 물었다. 그러자 그는 즉시 "탈 수 없다"고 거부했다. 블론딘이 외발 수레를 타고 건널 수 있다는 것을 믿는 것과 자신이 그 위에 올라타 건널 수 있다는 것을 믿는 것은 차원이 다른 문제다.

하나님을 믿는다는 것은 그분의 외발 수레에 올라타는 것과 마찬가지다. 그분을 믿고 외발 수레에 올라탈 수 있어야 그분을 진정으로 믿는 것이다. 우리의 전 존재를 하나님께 맡기고 신뢰한다는 것은 바로 이런 의미다. 우리는 사도신경에 나오는 하나님을 기도의 자리에서 날마다 묵상하고 고백하는 가운데 내가 정말 삼위일체 하나님을 믿고 있는지, 그분이 행하신 크고 놀라운 일들을 믿고 있는지를 점검하면서 하나님과 그분이 행하신 일에 대한 믿음을 날마다 새롭게 점검해야 한다. 이것을 통해 우리는 기도의 자리에서 위에 계신 하나님과의 친밀한 만남과 깊이 있는 사귐을 이어 갈 수 있다.

3. 찬양과 감사의 자리로 이끄는 사귐의 기도

우리가 사도신경을 통해 위에 계신 하나님과의 친밀함과 교제와 깊이 있는 사귐을 갖게 되면, 자연스럽게 기도의 자리에서 하나님을 향한 찬양과 감사의 고백들을 올려 드리게 된다. 먼저, 찬양은 하나님과 그분의 성품에 대한 것이다. 우리는 기도의 자리에서 하나님이 어떤 분이신지를 묵상하며 다음과 같은 고백을 올려 드릴 수 있다.

"하나님은 모든 피조물을 만들고, 지키고, 다스리는 창조주이십니다. 또한 약속하신 말씀을 신실하게 지키는 언약의 하나님이십니다. 하나님은 끝없이 지혜로우며 은혜로운, 아름다운 분이십니다. 무한하고 영원하고 흠이 없으며, 더없이 영광스러운 분이십니다. 하나님의 완전하심은 너무 독보적이어서 비할 데가 없습니다. 한결같고 변함없는 성품, 어디에나 계시는 거룩한 임재, 모르는 게 없으신 완전한 지식, 끝을 헤아릴 수 없는 완벽한 지혜, 절대적이고 거역할 수 없는 권능, 모든 것을 지배하시는 주권, 한 점 티가 없으신 도덕적 순결함, 세상 만물을 바로잡으시는 공의와 심판. 저는 이러한 하나님을 유일한 기쁨으로 삼고 평생토록 당신을 찬양하며 살겠습니다."

다음으로, 감사는 하나님이 우리를 위해 행하신 일에 대한 것이다. 우리는 기도의 자리에서 하나님이 우리를 위해 행하신 크고 놀라운 일들을 묵상하며 다음과 같은 고백을 올려 드릴 수 있다.

"무엇보다 예수 믿어 모든 죄를 사함 받고 하나님의 자녀로 살게 해 주심을 감사드립니다. 하나님의 진리를 깨닫고, 주님을 닮아 가게 하시며, 저 천국을 소망하며 살게 해 주심을 감사드립니다. 지금까지 생명과 삶의 필요들을 공급해 주심을 감사드립니다. 수많은 부상과 질병 속에서도 지금까지 삶을 지켜 주심을 감사드립니다. 연약한 저를 붙잡아 주셔서 다양한 삶의 고난을 넉넉히 이기게 해 주심을 감사드립니다. 지혜와 능력이 부족함에도 불구하고 온갖 풍성한 선물을 허락해 주심을 감사드립니다. 하나님이 행하신 크고 놀라운 일들을 늘 기억하며 평생토록 당신께 감사하며 살겠습니다."

그렇다. 삼위일체 하나님이 어떤 분이신지를 바로 알게 되면 그분을 찬양하지 않을 수 없다. 그분의 위대하심을 찬양하게 된다. 그분의 광대하심을 찬양하게 된다. 그분의 성품을 찬양하게 된다. 그분이 베푸신 한없는 자비와 긍휼을 찬양하게 된다. 그리고 그분이 행하신 크고 놀라운 일들로 인해 감사하게 된다. 하나밖에 없는 아들을 보내신 성부 하나님께 감사하게 된다. 하나밖에 없는 생명을 아낌없이 내 주신 성자 예수님께 감사하게 된다. 우리를 거듭나게 해 예수 믿게 하시고 거룩한 하나님의 자녀로 살게 해 주신 성령 하나님께 감사하게 된다.

요약하면, 기도는 위에 계신 하나님과의 사귐이다. 하나님을 바로 알려면 성경을 읽어야 한다. 사도신경은 성경을 핵심적으로 요약하고 있기에 기도의 자리에서 활용하면 많은 도움을 받을 수 있다. 사도신경을 가지고 기도하면서 하나님이 어떤 분이신지와 그분이 행하신 크고 놀라운 일들을 알게 되면 날마다 하나님을 찬양하고 그분께 감사할 수 있다. 우리는 위를 향한 사귐의 기도를 통해 무궁무진한 세계가 펼쳐지는 기도의 깊은 바다로 들어갈 수 있다.

4.

더 풍성한
사귐의 기도를 위하여

창세기를 보면, 아브라함이 처음 갈대아 우르에서 부름 받았
을 때는 하나님을 그저 '자신을 찾아오신 하나님, 살아 계신
하나님, 그래서 부인할 수 없는 하나님' 정도로만 알고 있었
다. 그런데 믿음의 여정을 계속하면서 하나님에 대해 더 많
은 지식과 체험을 갖게 되었다. 가나안 땅에 들어가 살면서
는 언제, 어디서든지 자신과 함께하시는 분임을 알게 되었
다. 기근으로 애굽에 내려가는 사건을 통해서는 자신의 생명
과 안전을 책임져 주시는 하나님을 체험했다. 조카 롯을 구
출하는 사건을 통해서는 주변 나라들뿐 아니라 하늘과 땅의
모든 것을 다스리시는 주 하나님임을 알게 되었다(창 14:19-20).

인간적인 소망이 모두 끊어진 절망적인 상황에서 기적의 선물로 이삭을 얻은 후에는 불가능을 가능하게 하시는 능력의 하나님을 체험했다. 창세기 기자는 이삭을 제물로 바치는 사건이 있기 전, 아브라함의 믿음이 어느 정도로 성장해 있었는지를 다음의 장면을 통해 보여 주고 있다.

> "아브라함은 브엘세바에 에셀 나무를 심고 거기서 영원하신
> 여호와의 이름을 불렀으며"(창 21:33).

아브라함은 브엘세바에 머물고 있을 때 영원하신 하나님에 대한 믿음을 갖고 있었다. 아브라함이 영원하신 하나님에 대한 믿음을 갖고 있었다는 것은, 그가 영원토록 살아 계셔서 영생하실 뿐 아니라 죽음을 뛰어넘어 영원한 생명도 주실 수 있는 하나님에 대한 믿음을 소유하고 있었다는 의미다. 이처럼 아브라함의 믿음은 하나님을 아는 지식이 더 많아지고 깊어지는 만큼 더 크게 성장했다.

우리 신앙의 여정은 하나님을 알아 가는 과정이라고 말할 수 있다. 우리 믿음은 하나님을 알아 가면서 성장한다. 다시 말하면, 우리 믿음은 하나님을 아는 만큼, 아는 것에 비례해서 성장한다. 그렇기에 우리가 하나님을 바로 아는 것, 하나

님에 대한 바른 지식을 갖는 것은 매우 중요하다.

민수기를 보면 열 명의 정탐꾼은 가나안 땅을 정탐하고 돌아온 후 "가나안은 과연 하나님의 말씀대로 젖과 꿀이 흐르는 땅이 맞지만, 그곳에는 거인 족속이 살고 있기에 우리는 그 땅을 차지할 수 없다. 우리는 그들 앞에 메뚜기에 불과하다"는 부정적인 보고서를 제출했다. 반면에 여호수아와 갈렙은 "가나안 땅에 거인 족속이 살고 있는 것은 맞지만 걱정하거나 두려워할 필요가 없다. 그들은 우리의 밥이다. 왜냐하면 출애굽 이후 지금까지 우리와 함께하신 하나님이 반드시 승리를 주실 것이기 때문이다"라는 믿음의 보고서를 제출했다.

열두 명 모두 동일하게 가나안 땅을 정탐했는데 왜 이렇게 의견이 극과 극으로 갈렸을까? 차이는 믿음의 유무였다. 다시 말해, 하나님을 바로 아는 지식이 있느냐, 없느냐의 차이였다. 하나님이 어떤 분이신지를 몰랐던 열 명의 정탐꾼이 볼 때는 거인 족속이 하나님보다 더 커 보였다. 하지만 하나님이 어떤 분이신지를 바로 알고 있었던 여호수아와 갈렙이 볼 때는 하나님이 거인 족속보다 훨씬 더 크신 분이었다. 비교하는 것 자체가 우스운 일이었다.

우리가 사귐의 기도를 통해 하나님을 바로 알아 가야 하는 이유가 바로 여기에 있다. 광야 같은 인생길에도 많은 문제가 찾아온다. 그런데 하나님이 누구신지를 모르면 우리가 만난 문제를 하나님보다 크게 생각해서 '우리는 거인과 같은 문제 앞에서 메뚜기에 불과하다'며 걱정하고 두려워하게 된다. 하지만 하나님이 누구신지를 바로 알면 어떤 문제를 만나더라도 결코 하나님보다 크지 않음을 알기에 '우주보다 크신 하나님 앞에 이 문제는 아무것도 아니다. 이것은 우리의 밥'이라고 믿음과 확신에 찬 고백을 하게 된다. 사귐의 기도의 자리에서 하나님을 알아 가면 갈수록 우리의 문제는 점점 작아지고, 우리 하나님은 점점 커지는 신기하고 놀라운 경험을 하게 된다.

사귐의 기도를 위해 표준 교과서인 사도신경을 사용하는 것은 그야말로 시작일 뿐이다. 우리는 하나님을 알아 가기 위해 다양한 시도를 할 수 있다. 매일 읽는 성경을 통해 하나님이 어떤 분이신지를 알 수 있다. 시편의 기도를 따라 하면서 하나님을 더 많이 그리고 더 깊이 배울 수 있다. 매일 묵상하는 큐티를 통해 우리를 찾아오시는 하나님을 새롭게 만날 수 있다. 매일 만나는 사람과 나누는 대화 그리고 일상의 삶 속에서 벌어지는 소소한 사건을 통해 하나님이 어떤 분이신지를 새롭게 배우며 깨달을 수 있다.

사귐의 기도를 위한 표준 교과서인 사도신경을 시작으로

다양한 교과서를 활용해 우리가 처한 인생의 어떤 문제보다 크신 하나님, 우리 인생의 생사화복과 나라와 민족의 흥망성쇠를 결정하시는 하나님, 지금도 이 세상과 우주 만물의 유일한 주로 다스리고 계시는 하나님을 더 넓게, 더 크게, 더 높게, 더 깊게 알아 가면 좋겠다.

'사도신경'으로 드리는 위를 향한

사귐의 기도

세상을 만들고 다스리시는 하나님!

당신의 무한한 영광과 능력을 찬양합니다.
당신의 한결같고 변함없는 성품을 찬양합니다.
끝을 헤아릴 수 없는 당신의 완벽한 지혜를 찬양합니다.
절대적이고 거역할 수 없는 권능으로 모든 것을 다스리고 계심을
찬양합니다.

예수님을 믿고 하나님의 자녀로 살게 해 주심을 감사합니다.
진리 가운데 행하고 천국을 소망하며 살게 해 주심을 감사합니다.
삶의 필요를 채우며 고난도 넉넉히 이기게 해 주심을 감사합니다.
이 땅에 홀로 남겨 두지 않고 성령을 보내 동행해 주시니 감사합니다.

하나님이 남겨 주신 최고의 유산,
이 땅에서 미리 경험하는 천국의 모델 하우스,
하나님 나라의 실현을 위한 중요한 전략적 거점,
죄가 가득한 세상과 구별되는 거룩한 공동체인 교회,
주 안에서 친밀한 사랑을 나누며 하나 되게 하소서!

주 예수의 복음을 통해 모든 죄를 용서해 주시고,
마지막 날 신령한 육체를 입고 다시 살아나게 하시며,
주님과 함께 천국에서 영원히 살게 된 것이 최고의 유산임을 믿습니다.
주께서 행하신 이 모든 일을 기억하며 늘 찬양하고 감사하는 삶을
살게 하소서.

예수님의 이름으로 기도드립니다. 아멘.

2부

안을 향한
성품의
기도

1.
성품의 기도 핵심은
주님을 닮아가기

앞 장에서 살펴본 대로 성경적인 기도의 첫 번째 목적은 '위에 계신 하나님과의 친밀한 사귐'에 있었다. 이 장에서는 성경적인 기도의 두 번째 목적이 무엇인지를 우리 자신과의 관계 속에서 살펴보려고 한다. 이와 관련해 우리 시대 영성의 대가로 알려진 리처드 포스터(Richard Foster)는 《리처드 포스터 기도》(두란노 역간)라는 책에서 기도하는 가장 중요한 목적은 바로 우리 자신이 변화되기 위한 것이 되어야 한다고 말하고 있다. 성경을 보면 바울은 에베소교회에 편지를 보내면서 성도를 향한 하나님의 관심이 어디에 있는지를 다음과 같이 교훈하고 있다.

"이제는 더 이상 어린아이가 되어서는 안 됩니다 … 머리 되신 예수 그리스도를 본받아 모든 면에서 성장하도록 하십시오"

(엡 4:14-15, 쉬운성경).

자녀를 가진 부모의 공통적인 소원이 있다면 아이들이 때에 맞게 잘 자라는 것이다. 젖을 먹을 때, 일어서야 할 때, 걸어야 할 때, 말을 해야 할 때 등등 각 발달 단계에 따라 잘 성장하는 것이 부모의 바람이다. 부모들은 자녀들이 잘 크는 모습을 지켜보면서 행복해한다.

이것은 영적으로도 마찬가지다. 하나님은 우리가 어린아이 수준에 머물러 있지 않고 계속해서 자라기를 원하신다. 우리의 성장과 성숙이 하나님의 관심이자 소원이다. 우리의 아버지이신 하나님도 자녀들이 성장할 때 행복해하신다. 예수 믿고 많은 세월이 지났지만 아직도 스스로 걷지 못하고 (규칙적인 예배와 경건 생활을 못 함), 아직도 말을 못 하고(기도의 자리를 찾지도 않고, 기도하지도 않음), 아직도 단단한 음식을 먹지 못한다면(성경의 확고한 진리를 붙잡지 못함, 고난을 견디지 못함) 아버지 하나님의 마음은 많이 아프실 것이다. 그렇기에 바울은 에베소교회 성도들에게 지속적인 성장과 성숙을 통해 다음과 같은 자리로 나아가야 한다고 권면하며 도전한다.

"우리 모두는 하나님의 아들을 믿고 아는 일에 하나가 되어, 그리스도를 닮은 온전한 사람으로서 성숙한 그리스도인이 될 것입니다"(엡 4:13, 쉬운성경).

여기서 '성숙한'(텔레이오스)이라는 단어는 완전한 사람, 완벽한 사람을 말하는 것이 아니다. 하나님의 마음을 잘 헤아려 순종하고, 교회 안에서 자신의 역할을 잘 감당하며, 이웃을 사랑으로 섬기는 사람을 말한다. 그렇기에 베드로 사도는 우리 자신의 성품의 변화를 기도의 중요한 목적으로 삼아야 한다고 교훈하고 있다.

"이로써 그 보배롭고 지극히 큰 약속을 우리에게 주사 이 약속으로 말미암아 너희가 정욕 때문에 세상에서 썩어질 것을 피하여 신성한 성품에 참여하는 자가 되게 하려 하셨느니라"(벧후 1:4).

여기서 신성한 성품은 '하나님의 성품'을 말한다. 하나님이 우리를 부르신 목적은 우리를 변화시켜 하나님의 성품에 참여하는 자(코이노노스=공유자, 참여자, 파트너)가 되게 하는 데 있다는 것이다. 그렇다면 우리 자신을 향한 기도의 목적도 하나님의 성품을 닮아 가는 것에 초점이 맞춰져야 한다.

우리가 안으로 우리 내면을 들여다보면서 하나님의 성품을 닮아 가는 기도를 하려면 먼저, 하나님은 어떤 성품의 소유자이신지를 알아야 한다. 하나님의 성품은 하나님이 주신 율법과 계명들 속에 녹아 있다. 우리가 율법을 들여다보면 하나님이 무엇을 좋아하고 무엇을 싫어하시는지를 알 수 있다. 하나님이 좋아하시는 것과 싫어하시는 것에는 그분의 성품이 반영되어 있다. 이런 면에서 율법에는 하나님의 뜻과 함께 그분의 성품이 반영되어 있다고 말할 수 있다.

유대인들은 랍비의 전통에 따라 구약의 모든 계명을 613개의 명령으로 요약하고 있다. 구약성경에는 '하라'(Mandatory laws)는 248개의 적극적인 명령과 '하지 말라'(Prohibition laws)는 365개의 소극적인 명령이 있다는 것이다. 그런데 예수님은 구약의 모든 율법을 다음의 두 가지 계명으로 요약해 주셨다.

"예수께서 이르시되 네 마음을 다하고 목숨을 다하고 뜻을 다하여 주 너의 하나님을 사랑하라 하셨으니 이것이 크고 첫째 되는 계명이요 둘째도 그와 같으니 네 이웃을 네 자신같이 사랑하라 하셨으니"(마 22:37-39).

예수님은 구약의 모든 율법을 위로는 하나님을 마음과 목숨과 뜻을 다해 사랑하고, 아래로는 이웃을 우리 자신같이 사랑하라는 두 개의 계명으로 요약해 주셨다. 그러면서 예수님은 이 두 계명이 온 율법과 선지자의 강령이라고 말씀하셨다.

"이 두 계명이 온 율법과 선지자의 강령이니라"(마 22:40).

여기서 '강령'이라는 단어는 어원적으로 '걸다, 매달다'(크레만뉘미=hang)라는 뜻이다. 구약의 모든 율법과 선지자의 가르침이 '사랑'에 매달려 있다는 의미이다. 구약의 모든 율법과 선지자들의 가르침 속에는 하나님의 성품이 녹아 있고, 구약의 모든 계명은 하나님의 사랑이라는 성품에 매달려 있는 열매들이라는 것이다.

2. 성품의 기도를 위한 표준교과서, 십계명

우리가 내면의 변화를 추구하면서 하나님의 사랑의 성품을 닮아 가는 기도를 하려고 할 때 '십계명'을 표준 교과서로 활용하면 큰 유익을 얻을 수 있다. 왜냐하면 십계명에는 주님이 말씀하신 하나님 사랑과 이웃 사랑의 구체적인 방법이 핵심적으로 요약되어 있기 때문이다. 그래서 루터는 우리가 내면의 양심을 성찰하기 위해 십계명을 규칙적으로 묵상해 볼 것을 권면했다. 그러면 우리가 기도의 자리에서 십계명을 활용해 구체적으로 어떻게 성품의 변화를 추구하는 기도를 드릴 수 있을까?

십계명은 크게 두 부분으로 나뉘어 있다. 먼저, 첫 번째 부분인 1계명부터 4계명까지는 우리가 하나님의 사랑의 성품을 어떻게 닮아 갈 수 있는지를 네 개의 계명을 통해 교훈해 주고 있다.

▼ 1계명: 너는 나 외에는 다른 신들을 네게 두지 말라

위에 계신 하나님을 사랑하고 그분의 성품을 닮아 가는 첫 번째 방법은 오직 하나님만 섬기는 것이다. 구약의 이스라엘 백성이 출애굽하기 전까지 약 400년 동안 머물던 애굽에는 우주의 신(Nun), 하늘의 신(Nut), 땅의 신(Geb), 태양신(Ra), 달의 신, 지혜의 신(Thoth), 사후 세계의 신(Osiris), 모성과 생산의 신(Isis), 사막의 신, 나일 강의 신, 황소 신, 악어 신 등 다양한 신이 있었다. 바울이나 베드로가 활동하던 로마 제국에도 제우스(12신의 리더), 헤라(하늘의 여왕), 포세이돈(바다), 데메테르(자연, 농업), 아폴로(태양), 아르테미스(달), 아테나(지혜), 아레스(전쟁), 아프로디테(사랑과 욕망), 헤르메스(상업) 등 많은 신이 있었다.

현대인들도 시대적으로는 인본주의, 세속주의, 민족주의, 공산주의, 자본주의의 신을 섬기고 있고, 개인적으로는 돈,

권력, 쾌락, 학벌, 명예, 성공, 건강, 외모, 자녀, 집, 부동산 등을 최고의 신으로 섬기고 있다. 그러나 성경은 '이 세상의 신들은 아무것도 아니며 참 신은 오직 하나님 한 분밖에 없음'을 분명하게 증거하고 있다(고전 8:4-5). 이 세상에 있는 많은 신은 모두 사람들이 자기 욕망을 따라 만들어 낸 우상에 불과하다. 그 배후에 마귀가 있어서 때로 미래의 일을 말하면서 기적을 행하기도 하지만, 이 모든 것은 마귀의 장난일 뿐이다. 우리는 오직 참 신이신 여호와 하나님만을 섬겨야 한다. 그 이유는 하나님이 애굽에서 이스라엘을 구원하셨던 것처럼, 사탄이 휘두르는 죄와 사망의 구렁텅이에서 우리를 구원해 주셨기 때문이다. 그러므로 1계명의 핵심은 사랑이다.

"이스라엘아 들으라 우리 하나님 여호와는 오직 유일한 여호와이시니 너는 마음을 다하고 뜻을 다하고 힘을 다하여 네 하나님 여호와를 사랑하라"(신 6:4-5).

하나님을 진정으로 사랑한다면 사람이나 사물을 그분보다 더 사랑해서는 안 된다. 오직 하나님만을 사랑하고 예배해야 한다.

　　1계명이 우리가 예배하고 경배해야 할 대상은 오직 하나님 한 분밖에 없음을 가르치고 있다면, 2계명은 하나님을 예배하는 방법에 관한 명령으로, 보이지 않는 하나님을 인간의 욕망을 따라 보이는 우상으로 만들지 말라는 것이다. 예를 들어, 건강과 물질과 권력과 지혜와 자유는 하나님이 우리에게 주신 선물인데, 선물을 주신 하나님은 제쳐 두고 하나님이 주신 작은 선물들을 더 좋아하고 숭배한다면 그것이 2계명을 어기는 우상 숭배가 되는 것이다.

　2계명은 하나님이 요구하시는 방식이 아닌 우리가 선택한 그릇된 방식으로 예배하지 말라는 것이다. 출애굽한 이스라엘이 금송아지를 만들어 놓고 그것이 자기들을 애굽에서 인도해 낸 신이라고 외치며 그 앞에 절한 것이 대표적인 사례다 (출 32:4-5). 사사 시대의 이스라엘 백성이 언약궤를 부적처럼 여기며 전쟁터로 끌어들인 것이나(삼상 4:1-11), 이스라엘 백성이 성전 자체를 축복의 원천으로 생각한 것도 2계명을 어기는 일이었다(렘 7:1-15). 우리에게도 교회 건물이나 목에 건 십자가를 그런 식으로 생각할 소지가 있다.

▼ 3계명: 너는 네 하나님 여호와의 이름을 망령되게 부르지 말라

3계명은 예배자의 태도에 관한 명령으로, 하나님의 이름을 헛되게, 함부로, 생각 없이, 경솔하게, 가볍게 부르지 말라는 것이다. 성경은 하나님의 이름으로 거짓 맹세를 하거나(레 19:12), 선지자들이 하나님의 이름으로 거짓 예언을 하는 것을 금하고 있다(렘 23:25). 하나님의 이름을 악하거나 무가치하게 그릇된 목적으로 사용해서는 안 된다. 말과 생각으로 하나님을 모독해서도 안 된다. 계속되는 고난에 화가 난 욥의 아내는 남편에게 "하나님을 욕하고 죽으라"고 재촉했다(욥 2:9). 블레셋의 장군 골리앗은 하나님의 이름을 모욕하며 이스라엘의 군대를 조롱했다(삼상 17:10). 사사 입다는 암몬과의 전쟁에서 이기게 해 주시면 자신을 가장 먼저 맞으러 나오는 사람을 하나님께 제물로 바치겠다고 무모하게 서원했다가 무남독녀인 딸을 죽음으로 내몰고 말았다(삿 11:31). 사울 왕은 성급하게 하나님의 이름으로 맹세하고 금식 명령을 내리는 바람에 전쟁을 수행하던 이스라엘 군사들이 큰 곤란을 겪었다(삼상 14:24). 이런 말과 행동들이 바로 하나님의 이름을 망령되게 부르는 것이다.

▶ 4계명: 안식일을 기억하여 거룩하게 지키라

4계명은 하나님의 창조와 구원을 기념하며 예배하라는 것이다. 우리가 4계명을 지킨다는 것은 천지 만물을 창조하신 분, 우리 인생과 삶의 주인이 하나님이심을 믿는다는 것이고, 그분이 행하신 크고 놀라운 일을 기억하고 기념하며 예배하는 삶을 산다는 것이다. 여기에 더해서, 신약의 성도들은 주님이 부활하신 주일에 예배하는 것을 통해 우리에게 구원을 주신 주님, 우리에게 영원한 쉼과 안식을 허락하실 주님을 소망하며 살아간다.

우리는 기도의 자리에서 1계명부터 4계명을 묵상하는 가운데 우리가 정말로 마음과 목숨과 뜻을 다해 하나님을 사랑하고 있는지를 점검하고, 네 개의 명령 속에 담긴 하나님의 성품을 닮기를 열망하며 부르짖는다.

십계명의 두 번째 부분인 5계명부터 10계명까지는 하나님의 사랑의 성품을 소유한 자라면 어떻게 이웃 사랑을 실천하며 살아야 하는지를 구체적으로 교훈해 주고 있다.

▼ 5계명: 네 부모를 공경하라

이웃 사랑의 첫걸음은 부모를 주 안에서 공경하는 것에서부터 시작된다. '공경하다'라는 단어(카바드)는 '무겁다, 영화롭게 하다'라는 뜻으로 원래 하나님께 사용되는 단어다(삼상 2:30). 성경은 하나님을 공경하는 것처럼 부모를 공경하라고 말씀한다. 우리가 사는 시대는 모든 종류의 권위를 부정하는 포스트모더니즘 시대다. 아무리 요즘 세상이 부모를 가볍게 대하더라도 우리는 5계명대로 부모를 마음 중심으로부터 공경해야 한다.

▼ 6계명: 살인하지 말라

이 계명은, 생명의 주권은 오직 하나님께 있음을 인정하고 사람을 직접적으로 살해하는 일이나 구타, 상해, 폭력, 학대, 자살, 낙태, 안락사 등을 하지 말라는 것이다. 예수님은 분노와 욕설도 살인에 해당하는 죄라고 말씀하신다(마 5:22; 요일 3:15). 우리는 살인하지 않는 것뿐 아니라 보다 적극적으로 생명을 살리는 자리로 나아가야 한다.

"그들에게 이르시되 안식일에 선을 행하는 것과 악을 행하는 것, 생명을 구하는 것과 죽이는 것, 어느 것이 옳으냐 하시니"(막 3:4).

▼ 7계명: 간음하지 말라

이 계명은 결혼한 사람이 자기 남편이나 아내 이외의 다른 사람과 성적인 관계를 갖는 것뿐 아니라 모든 종류의 성적 범죄, 즉 강간, 성폭력, 성희롱, 근친상간(레 18:6), 성매매(신 23:17), 결혼 전 동거(출 22:16), 동성애 등을 하지 말라는 것이다. 예수님은 마음에 음욕을 품으면 이미 간음한 것이라고 말씀하신다(마 5:27-28). 우리는 간음하지 않는 것뿐 아니라 보다 적극적으로 마음의 성전을 거룩하게 지켜야 한다.

"음행을 피하라 사람이 범하는 죄마다 몸 밖에 있거니와 음행하는 자는 자기 몸에 죄를 범하느니라 너희 몸은 너희가 하나님께로부터 받은바 너희 가운데 계신 성령의 전인 줄을 알지 못하느냐 너희는 너희 자신의 것이 아니라 값으로 산 것이 되었으니 그런즉 너희 몸으로 하나님께 영광을 돌리라"(고전 6:18-20).

▼ 8계명: 도둑질하지 말라

이 계명은 타인의 재산을 훔치는 행위, 속여서 빼앗는 행위, 불공정한 저울로 속이는 행위, 일을 시키고 품삯을 주지 않는 행위뿐 아니라 직권 남용, 탈세, 뇌물, 담합, 횡령, 배임, 부동산 투기, 위장 전입, 논문 표절, 불법 복사 등을 하지 말라는 것이다. 말라기 선지자는, 십일조는 하나님의 것이므로 하나님의 것을 도둑질하지 말라고 경고한다(말 3:8-9). 우리는 도둑질을 하지 않을 뿐 아니라 보다 적극적인 차원에서 나누고 베푸는 자리로 나아가야 한다. 예수님은 사마리아인의 비유를 통해 나누고 베푸는 삶을 살아야 함을 교훈해 주셨다.

"어떤 사마리아 사람은 여행하는 중 거기 이르러 그를 보고 불쌍히 여겨 가까이 가서 기름과 포도주를 그 상처에 붓고 싸매고 자기 짐승에 태워 주막으로 데리고 가서 돌보아 주니라 그 이튿날 그가 주막 주인에게 데나리온 둘을 내어 주며 이르되 이 사람을 돌보아 주라 비용이 더 들면 내가 돌아올 때에 갚으리라 하였으니 네 생각에는 이 세 사람 중에 누가 강도 만난 자의 이웃이 되겠느냐 이르되 자비를 베푼 자니이다 예수께서 이르시되 가서 너도 이와 같이 하라 하시니라"(눅 10:33-37).

▼ 9계명: 네 이웃에 대하여 거짓 증거하지 말라

이 계명은 거짓말, 위증, 가짜 뉴스, 위선뿐 아니라 이웃을 해하는 비판, 아첨, 선동 등의 말을 하지 말라는 것이다. 성경을 보면 마귀는 거짓의 아비다. 거짓은 마귀의 본성이다. 뱀이 최초의 거짓말쟁이였다. 야곱도 거짓말을 했고, 라반도 거짓말을 했다. 예수님은 거짓 증언 때문에 십자가형을 당하셨다. 스데반도 거짓 증언으로 교회 역사상 최초의 순교자가 되었다. 아나니아와 삽비라 부부는 재산 전부를 헌금한 것으로 거짓말했다가 성령을 속인 죄로 심판을 받았다. 우리가 거짓말을 하면 마귀의 일을 하는 것이다. 그렇기에 우리는 거짓말을 하지 않을 뿐 아니라 보다 적극적으로 진실을 말해야 한다. 왜냐하면 하나님은 진리이시기 때문이다.

"이스라엘의 지존자는 거짓이나 변개함이 없으시니 그는 사람이 아니시므로 결코 변개하지 않으심이니이다"(삼상 15:29).

"사람은 다 거짓되되 오직 하나님은 참되시다"(롬 3:4).

예수님은 "내가 곧 길이요 진리요 생명"이라고 말씀하셨다

(요 14:6).

▼ 10계명: 네 이웃의 집을 탐내지 말라

이 계명은 모든 죄악의 뿌리이자 출발점인 우리 마음에서부터 탐심을 제거해야 된다는 말씀이다. 탐심은 다른 사람이 가진 것을 과도하게 탐하고 가지려고 애쓰는 것이다. 성경은 탐심을 모든 죄의 근원으로 정의한다(골 3:5). 탐심은 물질에 대한 욕심, 성적 욕망, 지배욕, 권력욕, 정복욕 등으로 나타난다. 이 탐심과 욕망의 충동에 휘둘리는 사람은 죄의 영향력 아래 놓일 수밖에 없고, 결국은 악의 지배를 받게 된다(롬 6:12). 그러므로 우리는 모든 탐심을 버리고 하나님이 우리에게 주신 것들에 만족할 줄 알아야 한다.

"내가 궁핍하므로 말하는 것이 아니니라 어떠한 형편에든지 나는 자족하기를 배웠노니 나는 비천에 처할 줄도 알고 풍부에 처할 줄도 알아 모든 일 곧 배부름과 배고픔과 풍부와 궁핍에도 처할 줄 아는 일체의 비결을 배웠노라 내게 능력 주시는 자 안에서 내가 모든 것을 할 수 있느니라"(빌 4:11-13).

우리는 모든 탐심을 버릴 뿐 아니라 성령 안에서 하나님이 기뻐하시는 거룩한 열망을 가져야 한다.

> "너희가 육신대로 살면 반드시 죽을 것이로되 영으로써 몸의 행실을 죽이면 살리니 무릇 하나님의 영으로 인도함을 받는 사람은 곧 하나님의 아들이라"(롬 8:13-14).

> "내가 이르노니 너희는 성령을 따라 행하라 그리하면 육체의 욕심을 이루지 아니하리라 육체의 소욕은 성령을 거스르고 성령은 육체를 거스르나니 이 둘이 서로 대적함으로 너희가 원하는 것을 하지 못하게 하려 함이니라"(갈 5:16-17).

우리는 기도의 자리에서 5계명부터 10계명까지를 묵상하는 가운데 우리가 우리의 이웃을 우리 자신처럼 사랑하고 있는지를 점검하고 여섯 개의 명령 속에 담긴 이웃을 향한 사랑을 실천하며 살 수 있기를 열망하며 부르짖어야 한다.

3. 회개와 간구의 자리로 이끄는 성품의 기도

▼ **십계명, 하나님의 성품을 닮게 하다**

우리가 기도의 자리에서 율법을 요약해 주는 십계명을 곱씹으며 그 계명들 속에 녹아 있는 하나님의 사랑의 성품을 묵상하며 기도하다 보면, 가장 먼저 하나님의 사랑의 성품대로 살지 못하는 우리 자신을 발견하게 된다. 십계명을 보면 '안식일을 기억하여 거룩하게 지키라'는 4계명과 '네 부모를 공경하라'는 5계명을 제외하면 나머지 여덟 개의 계명은 모두 '하지 말라'는 부정 명령이다. 이것은 그만큼 우리가 하나님의 사랑의 성품을 반영하고 있는 십계명의 말씀대로 사는 것이 쉽지 않고, 오히려 하나님이 원하시는 모습과는 정반대 되는 모습으로 살기가 쉽다는 것을 일깨워 주고 있다. 그렇기에 십계명으로 기도하다 보면 가장 먼저 하나님의 말씀대로 살지 못한 우리의 죄, 그런 죄를 짓게 만드는 죄악된 성품을 돌아보며 회개의 고백을 하게 된다.

먼저, 우리는 하나님을 사랑하지 못했다. 여호와 하나님만을 섬기지 못하고 여러 우상을 섬겼다. 여호와의 이름을 헛되이 부를 때가 있었다. 창조주 하나님과 구원자 예수님을 잊고 살 때가 많았다. 또한 우리는 이웃을 사랑하지 못했다. 부모를 제대로 공경하지도 못했다. 하나님의 형상대로 지음 받은 사람들을 미워했다. 쾌락적 문화의 영향을 받아 음탕한 생각에 사로잡힐 때가 많았다. 신앙의 양심을 저버리고 남의 것을 도둑질할 때도 있었다. 진실이 아닌 거짓을 말하기도 했다. 마음속의 이기심과 탐심과 욕심을 따라 때로는 다른 사람들을 부러워하며 미워하고, 질투하고, 때로는 다른 사람들을 무시하고 그들의 것을 빼앗기도 했다.

이런 죄들은 단순히 윤리적 범죄이기 이전에 하나님의 사랑의 성품을 반영하며 사는 일에 실패한 행동들이다. 그러므로 우리가 십계명을 가지고 안을 향한 성품의 기도를 드리다 보면 하나님의 성품을 우리 삶 가운데 반영하지 못한 것에 대한 회개의 고백을 올려 드리게 된다. 그리고 그렇게 마음 중심으로 하나님의 성품을 반영하며 살지 못한 죄를 회개하다 보면, 주께서 십자가 보혈의 피로 우리의 모든 죄를 사해 주심을 경험하게 되고, 한 걸음 더 나아가 십계명에 반영된 하나님의 사랑의 성품을 닮기를 열망하며 기도하게 된다.

먼저, 하나님만을 사랑하게 해 달라고 간구하게 된다. 오직 하나님만을 섬기겠노라고, 오직 하나님만을 예배하며 살겠노라고, 오직 하나님의 이름만을 존귀하게 여기겠노라고, 주의 날을 기억하고 그날을 거룩하게 지키며 예배할 뿐 아니라 삶이 예배가 되는 인생을 살겠노라고 결심하게 된다. 다음으로, 하나님의 사랑의 성품을 이웃들에게 증거하며 살게 해 달라고 간구하게 된다. 무엇보다 육신의 부모를 하나님을 경외하듯 공경하며 살겠다고, 생명의 주권자이신 하나님을 기억하며 다른 사람들의 생명을 소중히 여기며 살겠다고, 다른 사람들을 하나님의 형상대로 지음 받은 인격체로 존중하며 살겠다고, 다른 사람의 것들을 도둑질하는 것이 아니라 오히려 나누고 베풀며 살겠다고, 거짓말하는 인생이 아니라 진실만을 말하며 살겠다고, 마음속의 탐심과 욕망을 제어하고 오히려 주를 향한 거룩한 열망으로 마음을 가득 채우겠다고 결심하게 된다.

이렇게 자신의 내면을 들여다보면서 하나님의 사랑의 성품이 녹아 있는 십계명을 가지고 계속해서 기도하다 보면, 하나님의 성품을 반영하며 살지 못한 것에 대한 진실한 회개의 고백과 함께 하나님의 성품을 반영하며 살고자 하는 간구가 간절한 열망 속에 뿜어져 나오게 된다. 기도의 자리에서 이런 과정이 반복되다 보면 우리 안에 자리를 잡고 있던 타락하고 부패한 본성인 이기심, 탐심, 욕망, 욕심의 성품은 서서히 사라지고, 그 자리에 성령으로 거듭나 새사람이 된 하나님의 사랑의 성품이 점점 더 선명하게 자리를 잡게 된다. 바울은 우리가 하나님의 사랑의 성품을 닮게 되면 어떤 삶을 살게 되는지를 다음과 같이 교훈해 주고 있다.

"사랑은 오래 참고 사랑은 온유하며 시기하지 아니하며 사랑은 자랑하지 아니하며 교만하지 아니하며 무례히 행하지 아니하며 자기의 유익을 구하지 아니하며 성내지 아니하며 악한 것을 생각하지 아니하며 불의를 기뻐하지 아니하며 진리와 함께 기뻐하고 모든 것을 참으며 모든 것을 믿으며 모든 것을 바라며 모든 것을 견디느니라"(고전 13:4-7).

▼ 예수 그리스도, 하나님 사랑의 본이 되시다

복음주의 신학의 산실인 휘튼대학의 총장으로 미국 필라델피아에 있는 제10장로교회의 담임목사를 역임했던 필라이큰(Phil Graham Ryken)은 《사랑한다면 예수님처럼》(생명의말씀사 역간)이라는 책에서 '하나님의 사랑의 성품은 그 아들 예수님을 통해 가장 선명하게 드러났고, 소위 사랑 장으로 알려진 고린도전서 13장은 예수님을 통해 드러난 하나님의 사랑을 가장 분명하고 구체적으로 보여 주고 있다'고 말한다. 그러면서 라이큰은 예수님이라는 프리즘을 통해 사랑 장(고전 13장)을 설명한다.

예수님은 온유하고 겸손하셨다(마 11:29). 주님의 온유함은 죄인들에게 풍성한 자비와 긍휼을 베푸시는 구원의 사랑으로, 불의와 불법을 행하던 사람들의 삶을 근본적으로 새롭게 변화시키시는 사랑으로 구체화되었다. 또한 예수님은 수없이 몰려드는 사람들 때문에 누구보다도 바쁘고 피곤하셨지만, 항상 당신의 필요보다 다른 사람의 필요를 선택하셨다("자기의 유익을 구하지 아니하며"). 예수님의 섬김은 제자들의 발을 씻길 뿐 아니라 하나밖에 없는 고귀한 생명을 십자가에 내어놓은 것으로 구체화되었다. 이것을 통해 참사랑은 우리가 갖고 있는 문제 때문에 다른 사람을 향한 섬김을 제한하지 않을 뿐 아니라, 우리가 가진 가장 귀한 것까지도 상대방에게 아낌없이 내어 주는 것이라는 사실을 일깨워 주셨다. 이것만이 아니다. 주님은 우리의 죄와 불의를 용납하지 않으시지만, 우리가 회개할 때까지 참고 기다려 주신다("사랑은 오래 참고 … 불의를 기뻐하지 아니하며"). 주님은 십자가를 지라는 아버지의 뜻을 성취하는 과정에서 하나님께 모든 것을 믿고 맡기셨고, 십자가를 통해 이룰 구원을 소망하셨으며, 모든 고난을 견디셨다 ("사랑은 … 모든 것을 믿으며 모든 것을 바라며 모든 것을 견디느니라").

우리 자신을 위한 성품의 기도를 통해 우리가 어떤 사람으로 변화될 수 있는지를 가장 선명하게 보여 주는 장면이 구약 성경에 나온다. 야곱은 평생 자기 꾀로만 살면서 속이고 속는 삶을 살아왔는데, 일순간에 모든 것을 잃을 수 있는 중대한 위기 앞에서 온 밤을 지새우며 살려 달라고 하나님께 부르짖어 기도한다. 하나님은 그런 야곱을 기도의 자리에서 만나 주셨다. 창세기 기자는 하나님과의 만남을 통해 야곱이 어떤 변화를 경험했는지에 대해서 다음과 같이 증언하고 있다.

"그 사람이 그에게 이르되 네 이름이 무엇이냐 그가 이르되 야곱이니이다 그가 이르되 네 이름을 다시는 야곱이라 부를 것이 아니요 이스라엘이라 부를 것이니 이는 네가 하나님과 및 사람들과 겨루어 이겼음이니라"(창 32:27-28).

야곱은 그날 밤 하나님과의 만남을 통해 야곱에서 이스라엘로 변화되었다. 단순히 개명했다는 의미가 아니다. 하나님의 성품으로 변화되었다는 의미고, 하나님의 성품을 소유한 인격으로 거듭나기 시작했다는 의미다. 우리는 성품의 기도를 통해 하나님이 소유하신 사랑의 성품을 닮아 갈 수 있다.

4. 더 풍성한 성품의 기도를 위하여

인간은 본성상 사랑하고, 사랑을 추구한다. 하지만 에로스라는 감각적, 쾌락적 사랑이 우리 삶을 장악해 버렸다. 그 사랑의 고삐 풀린 욕망, 무분별한 탐욕, 무자비한 권력 추구가 사랑을 주고받는 우리의 능력을 파괴하고 있다. 그 결과 하나님이 말씀하고 계시는 진정한 사랑, 즉 아가페의 사랑이 눈에 띄게 사라졌고, 그 필요가 절실해졌다.

▼ 하나님, 사랑의 원천

하나님은 아가페의 사랑이시고, 아가페 사랑은 하나님 이시다(요일 4:16). 참사랑은 하나님의 거룩한 성품에서 나온 것이다. 사랑은 본래 하늘에서 내려오는 것이며, 사랑의 원천은 하나님이시다. 사랑은 하나님께 속한 것이기 때문이다(요일 4:7).

하나님은 거듭해서 우리를 당신의 사랑으로 부르신다. 하나님은 아가페의 사랑이 무엇인지를 보여 주기 위해 예수님을 이 땅에 보내셨다(요 3:16). 예수님은 하나님의 사랑을 가장 영화롭게 구현해 내신 분이다(롬 5:8). 사복음서에 나오는 예수님의 행적을 추적해 보면 아가페적 사랑의 실체가 무엇인지를 확실하게 알 수 있다.

바울은 최고의 사랑을 다룬 고린도전서 13장에서 예수님이 친히 삶의 본으로 보여 주신 아가페적 사랑의 특성이 어떤 것인지를 자세히 풀어 설명하고 있다. 하나님에게서 기원한 아가페적 사랑은 한마디로 자기희생적 사랑이다. '사랑은 오래 참고, 온유하며, 시기하지 않고, 자랑하지 않고, 교만하지 않고, 무례히 행하지 않고, 자기의 유익을 구하지 않고, 성내지 않고, 악한 것을 생각하지 않고, 불의를 기뻐하지 않고, 진리와 함께 기뻐하고, 모든 것을 참으며, 모든 것을 믿으며, 모든 것을 바라며, 모든 것을 견딘다.' 반면에 사탄에게서 기원한 에로스적 사랑은 한마디로 자기중심적이고 자기 보존적인 사랑이다. 자기중심적인 사람은 '오래 참지 않고, 온유하지 않고, 시기하고, 자랑하고, 교만하고, 무례히 행하고, 자기 유익을 구하고, 불의를 기뻐하고, 진리를 싫어하고, 어느 것도 믿지 않고, 어느 것도 바라지 않고, 어느 것도 견디지 않는다'.

하나님이 우리를 창조하고 구속하신 이유는 예수님의 아가페적 사랑의 성품을 닮도록 하기 위해서이다. 그런데 예수님을 닮아 가는 성품의 변화에는 시간이 필요하다. 한 사람의 성격과 성품은 오랜 세월에 걸쳐 반복된 행동의 결과물이다. 수없이 반복된 행동이 습관으로 자리 잡을 때 그 사람의 성격과 성품이 만들어진다.

우리가 가진 성품의 결함 혹은 모난 부분들은 오랜 세월 동안 반복된 사고와 행동의 결과로 만들어진 것이기에 그 뿌리가 매우 깊다. 우리가 가진 대부분의 문제와 나쁜 습관들은 하룻밤 사이에 만들어진 것이 아니기에 그 문제에 대한 해결도 결코 하루아침에 이루어질 수 없다. 우리가 가진 성품이 오랜 세월에 걸쳐 형성된 것처럼, 우리의 성품을 바꾸는 데도 오랜 시간이 걸린다.

성장과 성숙에는 지름길이 없다. 갓 태어난 아기가 자라서 성인이 되려면 몇 십 년이 걸린다. 과일이 자라서 익는 데도 한 계절이 걸린다. 예수님을 닮아 가는 성품의 개발도 한꺼번에 이루어질 수 없다. 왜냐하면 성품의 변화는 지식의 변화가 아니라 행동의 변화이고, 인격의 변화이기 때문이다. 지식은 일순간에 습득이 가능하지만, 행동과 인격의 변화는 오랜 세월 동안 배우고, 훈련하고, 반복해야만 겨우 얻을 수 있다. 예수님은 제자들의 성품을 바꾸기 위해 3년 동안을 동고동락하며 공을 들이셨다. 주님은 제자들에게 '겸손해야 한다. 낮아져야 한다. 먼저 섬기는 자가 되어야 한다'고 수없이 교훈하며 때로는 직접 제자들의 발을 씻겨 주셨다. 그런데 제자들은 틈만 나면 '누가 높은지, 누가 공을 더 많이 세웠는지'의 문제를 놓고 서로 시기하며 언쟁을 벌이거나 다투기 일쑤였다. 이처럼 제자들의 성품은 쉽게 바뀌지 않았다.

남의 이야기를 할 필요도 없다. 우리 자신을 생각해 보라. 예수 믿은 이후로 우리는 수없이 많은 말씀을 듣고, 읽고, 배워 왔다. 그러나 우리의 성품은 좀처럼 바뀌지 않는다. 그만큼 성품을 바꾸는 것은 쉬운 일이 아니다. 예수님의 성품을 닮는 데는 절대적인 시간이 필요하다.

▼ 성품을 변화시켜 주시는 하나님

그런데 하나님은 세 가지 방법으로 우리 성품의 변화를 도와주신다. 하나님이 우리 성품의 변화를 위해 사용하시는 첫 번째 도구는 '성경'이다.

도구 1: 성경

"모든 성경은 하나님의 감동으로 된 것으로 교훈과 책망과 바르게 함과 의로 교육하기에 유익하니 이는 하나님의 사람으로 온전하게 하며 모든 선한 일을 행할 능력을 갖추게 하려 함이라"(딤후 3:16-17).

성경은 하나님의 말씀이다. 하나님의 말씀에는 하나님의 마음, 하나님의 뜻, 하나님의 성품이 담겨져 있다. 말씀을 가까이하면 하나님을 볼 수 있다. 하나님의 마음과 뜻 그리고 성품을 발견할 수 있다. 그리고 하나님의 말씀에 순종하다 보면 하나님의 마음, 뜻, 성품을 닮아 갈 수 있다. 그렇기에 시편 기자는 우리가 주님을 닮아 갈 수 있는 비결이 무엇인지를 이렇게 고백한다.

"청년이 무엇으로 그의 행실을 깨끗하게 하리이까 주의 말씀만 지킬 따름이니이다 내가 전심으로 주를 찾았사오니 주의 계명에서 떠나지 말게 하소서 내가 주께 범죄하지 아니하려 하여 주의 말씀을 내 마음에 두었나이다"(시 119:9-11).

우리가 진정으로 주님을 닮아 가기 원한다면 성경으로 돌아가야 한다. 하나님의 말씀을 읽고, 배우고, 묵상하고, 암송해야 한다. 하나님의 말씀을 가까이하면 할수록 우리는 더욱 주님을 닮을 수 있고, 더 큰 변화를 경험할 수 있다.

도구 2: 성령

우리 성품의 변화를 위해 하나님이 사용하시는 두 번째 도구는 '성령'이다. 우리 스스로의 의지와 노력에는 한계가 있다. 우리의 결심과 결단으로는 충분하지 않다. 하나님이 우리 삶에서 보고 싶어 하시는 삶의 변화를 일으키는 힘은 오직 성령만이 가지고 계신다. 성령은 단순히 은사를 주거나 감정을 만지시는 분이 아니다. 성령은 우리의 생각과 삶을 바꾸어 주시는 분이다.

"이와 같이 성령도 우리의 연약함을 도우시나니 우리는 마땅히 기도할 바를 알지 못하나 오직 성령이 말할 수 없는 탄식으로 우리를 위하여 친히 간구하시느니라 마음을 살피시는 이가 성령의 생각을 아시나니 이는 성령이 하나님의 뜻대로 성도를 위하여 간구하심이니라"(롬 8:26-27).

진리의 영인 성령은 하나님의 뜻을 분명히 드러내고, 참과 거짓을 정확히 분별해 주신다. 성령으로 충만했던 예수님은 광야에서 사탄의 교묘한 유혹과 도전을 하나님의 말씀을 가지고 정확히 분별하여 완벽한 승리를 거두셨다. 또한 성령은 하나님의 뜻을 분별하게 할 뿐 아니라, 드러난 하나님의 뜻에 소원을 두고 행하게 하신다.

"너희 안에서 행하시는 이는 하나님이시니 자기의 기쁘신 뜻을 위하여 너희에게 소원을 두고 행하게 하시나니"(빌 2:13).

모세와 여호수아는 홍해와 요단 강이라는 건널 수 없는 벽을 만났지만, 하나님이 주신 말씀을 붙잡고 순종하여 흐르는 물에 발을 담갔을 때 물이 약해지고 멈춰 서는 것을 경험했다. 성령의 도우심으로 하나님의 뜻이 무엇인지를 분별했다면, 아무런 달라진 것이 없어도 믿음으로 순종해야 한다. 두려운 감정과 상관없이 행동에 옮겨야 한다. 그러면 성령 하나님이 우리를 도와주신다. 우리의 부족함을 채워 우리를 변화의 자리로 이끌어 주신다.

도구 3: 고난

우리 성품의 변화를 위해 사용하시는 세 번째 도구는 '고난'이다. 하나님은 우리가 수없이 만나는 어려움과 고난의 상황들을 통해서 우리를 변화시키신다.

> "우리가 알거니와 하나님을 사랑하는 자 곧 그의 뜻대로 부르심을 입은 자들에게는 모든 것이 합력하여 선을 이루느니라"(롬 8:28).

성경은 우리에게 일어나는 모든 일이 다 좋은 것이라고 말하지 않는다. 하지만 하나님은 우리에게 일어나는 모든 일을 우리의 성장과 성숙을 위해 사용하신다. 하나님은 우리 인생의 목적이 편안함이나 행복이 아니라 성품의 변화라고 말씀하신다.

이 세상은 우리가 누리고 즐기는 장소가 아니라, 우리의 성품을 개발하는 곳이다. 성품의 개발을 위해서는 고통과 고난

이 필요하다. 고통이 없으면 얻는 것도 없다(No Pain, No Gain!). 고난은 인내를, 인내는 연단을, 연단은 소망을 만들어 낸다. 하나님은 우리 삶 속에서 벌어지는 모든 상황, 특히 고통과 고난을 활용해서 우리의 성품을 다듬어 가신다. 그렇기에 우리는 우리 삶 가운데 벌어지는 모든 상황을 끌어안고 모든 것을 합력하여 선을 이루시는 하나님을 바라보며 끊임없이 주님을 닮고자 하는 열망 속에서 성품의 기도를 올려 드려야 한다. 우리가 안을 향한 성품의 기도를 올려 드리며 모든 상황에 믿음으로 반응하면 하나님은 그것을 사용하여 우리를 더욱 성숙시키실 것이고, 우리로 하여금 더욱더 그리스도를 닮아 가게 하실 것이다.

'십계명'으로 드리는 안을 향한
성품의 기도

당신이 소유하신 사랑의 성품을 닮도록 부르신 하나님!

하나님을 사랑하지 못한 죄를 회개합니다.
하나님만 사랑해야 하는데 그렇지 못했습니다.
하나님이 아닌 여러 우상을 함께 섬겼습니다.
하나님의 이름을 헛되이 불렀습니다.
하나님을 전심으로 예배하지 못했습니다.

이웃을 사랑하지 못한 죄도 회개합니다.
부모님을 공경하지 못하고 거역했습니다.
사람들을 미워하고 용서하지 못했습니다.
세상의 즐거움에 빠져 살면서 거룩함을 훼손했습니다.
허락되지 않는 것에 욕심을 내며 상황에 따라 거짓말도 했습니다.

이제부터 하나님만 사랑하며 살게 하소서.

주의 이름만 존귀히 여기며 주님만을 예배하게 하소서.
하나님의 성품을 닮아 이웃을 사랑하고 섬기며 살게 하소서.
부모를 공경하게 하시고, 사람들을 위로하고 격려하며 살게 하소서.
세속에 물들지 않는 거룩한 성전이 되게 하소서.
어려운 이웃을 돌아보아 나누고 베풀며 살게 하소서.
어떤 상황에서도 거짓 없이 진실만을 말하게 하소서.
하나님이 주신 것들에 만족하며 감사하는 인생 되게 하소서.

예수님의 이름으로 기도드립니다. 아멘

3부

밖을 향한
사역의
기도

1. 사역의 기도 핵심은 하나님 나라 사역에 동참하기

설교자, 선교사, 세계적 저술가로 활동하면서 남아프리카의 성자로 추앙받고 있는 앤드류 머레이(Andrew Murray)는 자신이 쓴 《그리스도의 기도학교》라는 책에서 '기도는 하나님의 마음을 구하는 것'이라고 정의하고 있다. 하나님의 마음이 우리 안에 부어지면 우리의 소원이 달라지고, 우리의 소원이 달라지면 우리의 기도가 달라지는데, 하나님은 바로 이런 기도를 통해 일하신다. 그러면서 하나님의 마음이 우리 안에 부어지는 기도는 나만을 위한 이기적인 기도가 아니라 하늘과 땅을 잇는 제사장적 기도로, 하나님 나라 사역을 위한 기도라고 말하고 있다. 머레이는 우리를 이런 기도의 자리에 초대하고 있다.

> 예수님께서는 하늘에 계신 아버지께 이렇게 기도하기를 바라십
> 니다. 아버지의 이름과 아버지의 나라, 아버지의 뜻이 우리의 사
> 랑 가운데서 가장 첫 번째 자리를 차지하게 하십시오. 그러면 아
> 버지께서 일용할 양식을 공급하고 우리의 죄를 용서하시며 우리
> 를 악한 자로부터 보호하시는 사랑이 우리의 몫이 될 것입니다.[*]

앞 장에서 살펴본 대로, 성경적인 기도의 첫 번째 목적은
'위에 계신 하나님과의 친밀한 사귐'에 있고, 두 번째 목적은
우리 자신을 들여다보면서 '주님의 성품을 닮아 가는 것'에
있다. 이 장에서는 성경적인 기도의 세 번째 목적이 무엇인
지를 우리의 사명과 직결되어 있는 하나님 나라의 사역과 관
련해서 살펴보려고 한다. 우리가 밖을 향한 사역을 위한 기
도를 통해 하나님 나라 사역에 동참하려면 먼저 하나님 나라
가 무엇인지를 정확히 알아야 한다.

---

[*] 앤드류 머레이, 《그리스도의 기도학교》(CH북스), p. 39.

▶ 하나님 나라와 인간의 범죄

성경이 말하는 하나님 나라는 한마디로 '하나님이 왕으로 통치하시는 나라'다. 창조주 하나님은 온 우주의 유일한 왕이시다. 왕이신 하나님이 천지 만물을 창조하면서 이 땅에 세우시고자 했던 하나님 나라는 안식과 평화, 사랑과 행복이 가득한 '샬롬'의 나라였다. 하나님이 꿈꾸셨던 샬롬의 나라는 자동적으로 만들어지는 것이 아니라, 하나님의 형상대로 지음 받은 인간이 하나님이 기뻐하시는 뜻대로 이 세상을 다스려 나갈 때 성취될 수 있었다.

하나님은 당신의 형상대로 지음 받은 인간에게 이 세상에 대한 통치권을 위임해 주셨다(창 1:28). 하나님으로부터 통치권을 위임받은 인간은 이 세상의 대리 통치자, 즉 왕이었다. 하지만 인간 왕은 이 세상을 자기 마음대로 다스려서는 안 되었다. 통치권을 위임해 주신 하나님의 뜻대로 이 세상을 다스려야 했다. 인간에게는 하늘에서 하나님의 거룩한 뜻이 이루어진 것처럼, 이 땅에서 하나님의 선하신 뜻이 온전히 이루어지도록 해야 할 책임과 사명이 주어진 것이다.

그런데 사탄은 최초의 인간에게 접근해서 하나님의 뜻대로 이 세상을 다스려야 한다는 것을 문제시 하며 이렇게 속삭

였다. '네가 이 세상의 왕인데 뭐 하러 하나님의 명령을 들으려고 하느냐? 더 이상 이래라저래라 명령만 하시는 하나님을 모시지 말고, 네 스스로 무엇이 선인지, 악인지를 결정해. 그래서 네가 하고 싶으면 하고, 하기 싫으면 하지 마. 네가 스스로 왕이 되어 하나님의 간섭에서 벗어나 네 마음대로 인생을 살아.' 이에 최초의 인간은 어리석게도 하나님의 왕 되심을 거부하고 스스로 왕이 되어 마음대로 인생을 살라는 사탄의 교묘한 유혹에 넘어가고 말았다.

최초의 인간인 아담과 하와가 선악과를 따 먹은 이유는, 창조주 하나님의 왕권을 거부하고 스스로 독립적인 왕이 되려고 했기 때문이다. 아담과 하와가 범한 죄는 개인적인 차원의 윤리적 범죄 행위 정도가 아니다. 그들의 죄는 피조물인 위치를 망각하고 창조주 하나님의 왕권에 도전하여 스스로 왕이 되어 보려고 무모한 시도를 했던 엄청난 반역 행위였다.

사안이 중대한 만큼 인간의 범죄가 미치는 파장은 엄청났다. 인간의 범죄로 하나님이 천지 만물을 창조하면서 의도하셨던 완벽한 조화, 즉 '샬롬'의 상태가 깨져 버렸다. 이 땅에 하나님이 세우신 질서가 완전히 무너져 버렸다.

가장 먼저, 죄는 창조주 하나님과 피조물인 인간의 인격적 사랑의 관계를 무너뜨렸다. 범죄하기 전, 아담에게 하나님은 그저 자신을 끔찍이도 사랑하시는 자상한 아버지였다. 아담은 아들의 권세를 가지고 언제, 어디서든지 당당하게 하나님께 나아갈 수 있었고, 그분과 인격적 교제를 나눌 수 있었다. 그러나 죄가 개입된 이후부터 하나님은 너무 거룩하시기에 죄로 더럽혀진 인간이 감히 가까이 다가설 수 없는 크고 두려운 분이 되고 말았다. 실제로 하나님이 에덴동산으로 범죄한 아담과 하와를 찾아오셨을 때, 그들은 두려움 속에서 동산 나무 사이로 숨어들고 말았다(창 3:10).

죄 때문에 인간과 인간 사이의 관계도 깨져 버렸다. 하나님이 아담에게 찾아와 '왜 먹지 말라고 한 선악과를 먹었느냐'고 추궁하시자 아담은 '하와 탓'을 했고, 하와는 '뱀 탓'을 했다. 죄가 개입되기 이전의 아담과 하와는 이상적인 부부로서 서로를 이해하고 배려하며 살았는데, 범죄하고 난 이후에는 서로를 지배하고 다스리려는 관계로 변질되고 말았다. 이것만이 아니다. 죄 때문에 인간과 동물, 인간과 자연의 관계도 완전히 틀어져 버렸다. 인간의 범죄는 땅에도 악영향을 끼쳤다.

"땅은 너로 말미암아 저주를 받고 너는 네 평생에 수고하여야

그 소산을 먹으리라 땅이 네게 가시덤불과 엉겅퀴를 낼 것이
라"(창 3:17-18).

인간이 범죄하기 전에는 인간의 수고에 땅이 놀랍도록 반
응해 풍성한 열매들을 내놓았다. 하지만 인간이 범죄한 이후
부터는 땅도 인간의 수고에 반응하려고 하지 않았다. 땅은
가시덤불과 엉겅퀴를 내면서 강력하게 저항했다. 그 결과,
인간은 일평생 죽을 고생을 하며 땀 흘려 수고해도 근근이 먹
고살 정도의 열매만 거둘 수 있었다. 바울은 에덴동산에서
아담과 하와의 범죄가 단순히 인간과 자연 세계를 넘어서 모
든 피조 세계에 어떤 악영향을 끼쳤는지를 다음과 같이 증언
하고 있다.

> "그 바라는 것은 피조물도 썩어짐의 종노릇한 데서 해방되어
> 하나님의 자녀들의 영광의 자유에 이르는 것이니라 피조물이
> 다 이제까지 함께 탄식하며 함께 고통을 겪고 있는 것을 우리
> 가 아느니라"(롬 8:21-22).

이처럼 선악과를 따 먹고 하나님을 거역한 인간의 반역은
하나님과 인간, 인간과 인간, 인간과 자연 그리고 인간과 다

른 모든 피조물의 관계를 완전히 깨뜨려 버렸다. 이것이 성경이 말하는 최초의 인간이 범한 죄의 파장이자 참담한 결과였다.

▼ 하나님의 통치를 거부한 결과

죄에 대한 형벌 1: 죽음

최초의 인간이 범한 죄의 결과가 너무도 참담했기에, 하나님은 아담과 하와에게 그들이 지은 죄에 대한 심판과 형벌을 내리셨다. 하나님이 내리신 첫 번째 형벌은 '죽음'이었다.

> "네가 흙으로 돌아갈 때까지 얼굴에 땀을 흘려야 먹을 것을 먹으리니 네가 그것에서 취함을 입었음이라 너는 흙이니 흙으로 돌아갈 것이니라 하시니라"(창 3:19).

창조주 하나님의 명령을 거역한 결과는 사탄의 약속대로 '하나님처럼 되는 것'이 아니었다. 하나님이 미리 경고하신 말씀처럼 '죽음에 이르는 것'이었다(창 2:17). 창조주 하나님의 말씀에 순종했다면 하나님이 주시는 샬롬의 축복을 만끽하며 살았을 텐데, 안타깝게도 결과는 정반대였다.

범죄의 결과가 죽음인 것은 당연한 수순이다. 최초의 인간 아담이 에덴동산에서 범한 죄의 본질은 창조주 하나님으로 부터의 독립을 선언하는 것이었다. 더 이상 창조주 하나님의 간섭이나 도움을 받지 않고, 스스로 운명을 개척하며 살겠다 는 것이었다. 이것은 마치 산모의 배 속에 있는 태아가 어머 니의 자궁 속 좁은 공간에 있는 것이 힘들다며 스스로 생명의 탯줄을 끊어 버리고, 열 달이 채 되지도 않았는데 바깥세상으 로 뛰쳐나와 버리는 것과 같은 매우 어리석은 행위였다. 생 각해 보라. 3, 4개월밖에 되지 않은 태아가 탯줄을 스스로 끊 어 버리고 넓은 세상에서 자기 마음대로 살아 보겠다고 미리 밖으로 나와 버린다면 어떤 결과가 벌어지겠는가? 자기 몸속 에 가지고 있던 영양분으로 한동안은 버티겠지만, 모든 에너 지가 소진되면 죽게 될 것이 뻔하다.

살아가는 데 필요한 모든 것을 공급해 주시는 하나님의 품 을 뛰쳐나온 인간의 운명도 이와 똑같다. 하나님으로부터 생 명의 에너지를 지속적으로 공급받지 못하면, 인간은 자기 몸 속에 있는 에너지를 의지하며 살다가 언젠가 몸의 에너지가 다 소진될 때 늙고 병들어 죽고 말 것이다. 뿌리가 뽑힌 채 쓰 러진 나무는 아무리 그 나뭇잎이 푸르러 보여도 죽은 것이나 마찬가지다. 뿌리를 통해 지속적으로 수분을 비롯한 생명의 에너지를 공급받지 못하면, 나무 자체의 에너지가 소진될 때 그 나무는 말라 비틀어져 죽게 된다.

죄의 결과가 죽음으로 귀결될 수밖에 없는 이유는, 스스로의 힘으로 살아 보겠다며 생명의 공급자 되시는 하나님과의 관계를 끊어 버렸기 때문이다. 제한된 자원과 육체를 가진 인간이 하나님을 의지하지 않으면 자기가 가진 에너지가 다 소진될 때 죽을 수밖에 없는 것이다. 하나님으로부터 생명의 에너지를 공급받지 못하면, 아무리 건강관리를 잘해도 결코 죽음의 한계를 뛰어넘을 수 없다.

죄에 대한 형벌 2: 지옥

아담과 하와의 범죄에 대해 하나님이 내리신 두 번째 형벌은 '지옥'이었다. 하나님은 범죄한 아담과 하와를 생명의 동산인 에덴에서 쫓아내셨다.

"여호와 하나님이 에덴동산에서 그를 내보내어 그의 근원이 된 땅을 갈게 하시니라 이같이 하나님이 그 사람을 쫓아내시고 에덴동산 동쪽에 그룹들과 두루 도는 불 칼을 두어 생명나무의 길을 지키게 하시니라"(창 3:23-24).

하나님께 반기를 들고 스스로 하나님이 되려다가 에덴동산에서 쫓겨난 아담과 하와를 비롯한 모든 인생이 반역의 결과로 들어가게 될 궁극적인 장소는 지옥이다. 성경에서 지옥으로 번역된 헬라어 단어는 '게헨나'인데, 이 단어는 본래 예루살렘 남쪽에 위치한 골짜기 이름이다. 예수님이 오시기 훨씬 전부터 게헨나 골짜기에서는 흉측한 살인 사건이 많이 발생했고, 유대인들은 이곳을 저주받은 곳이라고 생각하면서 예루살렘에서 나오는 쓰레기를 모아 이곳에 버리기 시작했다. 그러다 가끔씩 게헨나 골짜기에 쓰레기 더미가 너무 많이 쌓이면 그 모든 것을 불로 태워 버렸다.

이런 이미지와 배경 속에서 게헨나는 신약성경에서 지옥으로 번역되고 있다. 썩은 시체와 각종 오물로 인한 악취와 연기와 불꽃이 끊임없이 타오르는 곳, 파괴와 고통과 절망의 기운이 가득한 곳이 바로 게헨나, 즉 지옥이다. 지옥에는 하나님의 선하심과 축복, 자비와 긍휼과 용서가 없다. 그곳에는 위로도, 평안도 없다. 영원한 고통과 형벌만 있는 곳이다.

예수님은 사복음서에서 '게헨나'라는 단어를 열두 번씩이나 언급하면서 지옥이 어떤 곳인지를 상세하게 말씀해 주셨다. 예수님은 부자와 나사로 비유를 통해서 지옥의 고통이 얼마나 참혹한지를 생생하게 설명해 주셨다. 지옥은 부자가 활활 타오르는 불꽃 한가운데서 애절한 눈빛으로 천국에 가 있는 나사로를 바라보며 그의 손가락 끝에 물 한 방울만 찍어 자신의 혀를 좀 시원하게 해 달라는 최소한의 요청마저 거절 당하는 곳이다. 누구든지 지옥에 들어가게 되면 다시는 운명 을 돌이킬 수 없다. 지옥은 영원히 꺼지지 않는 불이 타오르 고, 구더기도 죽지 않고, 사람들이 불로써 소금 치듯 함을 받 는 곳이다(막 9:48-49). 지옥 불에 떨어진 사람들은 그곳에서 영 원토록 슬피 울며 이를 갈게 될 것이다(마 8:12). 하나님의 왕 권에 대한 무모한 도전과 반란의 결말은 의의 재판장이신 하 나님의 심판을 받아 죽음에 처해지는 것뿐 아니라, 영원한 지 옥의 형벌을 받는 것이다.

▼   예수 그리스도, 하나님 나라를 회복하시다

최초의 인간인 아담의 반역과 범죄 때문에 하나님의 꿈은 산산조각이 나고 말았다. 아담의 범죄로 인해 이 세상 은 하나님이 본래 계획하고 의도하셨던 것과는 정반대의 세 상, 즉 하나님이 전혀 의도하지 않았던 불법, 폭력, 강도, 살 인, 고통, 탄식, 눈물, 좌절, 절망 등이 가득한 생지옥으로 변하고 말았다. 이 모든 일의 배후에는 하나님의 대적자인 사탄이 자리하고 있다. 사탄은 하나님께 통치권을 위임받은 인간을 범죄하게 함으로써 하나님의 주권을 불법적으로 찬탈했다. 그래서 하나님은 사탄이 도둑질해 간 당신의 주권을 되찾기 위해 사람이 되어 이 땅에 오셨다. 하나님이 인간의 몸을 입고 이 땅에 오신 이유는, 당신의 통치권을 되찾아 당신의 나라를 회복하시기 위함이다.

그러면 예수님은 어떻게 하나님 나라를 회복하셨을까? 앞서 살펴본 대로, 성경이 말하는 죄는 세상 역사가 시작된 이래로 피조물인 인생이 창조주 하나님을 왕으로 섬기며 그 말씀에 복종하는 삶을 살아야 함이 마땅함에도 불구하고 왕이신 하나님을 거부한 후 스스로 왕이 되어 인생을 자기 마음대로 산 중대한 반역 행위를 의미한다. 그리고 성경이 말하는 죄의 결과는 하나님의 심판과 죽음뿐이다. 최초의 인간인 아담은 자신의 범죄로 죽게 되었고, 그 이후로 인간 세계에는 사망의 그늘이 드리워지고 말았다.

"한 사람으로 말미암아 죄가 세상에 들어오고 죄로 말미암아 사망이 들어왔나니 이와 같이 모든 사람이 죄를 지었으므로 사망이 모든 사람에게 이르렀느니라"(롬 5:12).

그런데 구약성경은 하나님이 정하신 방법을 따라 어떤 짐승이 사람이 지은 죄의 값인 생명의 값을 지불하고 피 흘려 죽으면, 죄를 지은 사람은 대신 죽은 짐승 때문에 모든 죄를 용서받고 다시 살 수 있다는 '대속 제물'의 원리를 여러 가지 사건과 제도를 통해 교훈해 주고 있다. 에덴동산에서 하나님은 죄를 짓고 죽을 수밖에 없는 아담을 위해 짐승을 잡아 죽인 후 가죽옷을 지어 입혀 주셨다(창 3:21). 이스라엘 백성은 출애굽 과정에서 열 번째 재앙, 즉 애굽의 모든 장자와 처음 난 것이 죽어 나가는 무시무시한 심판 한가운데서 유월절 양의 피를 집 안팎에 바름으로 죽음의 진노가 자신들을 넘어가는 구원의 은혜를 극적으로 체험했다(출 12:13). 하나님은 모세를 통해 이스라엘 백성이 짓는 죄를 용서받을 수 있는 방법을 '성막과 제사 제도'를 통해 교훈해 주셨다. 하나님이 정하신 방법과 절차를 따라 흠 없는 '속죄 제물'의 피를 흘리면, 하나님은 당신의 백성이 지은 죄를 모조리 용서해 주셨다. 특히 하나님은 1년에 딱 한 차례, 이스라엘 백성이 지은 모든 죄를 용서해 주는 '대속죄일 제사'와 광야로 보내지는 아사셀 염소를 통해 죄가 어떻게 용서되고, 용서받은 죄가 어떻게 사라지는지를 시청각 교재를 가지고 생생하게 교훈해 주셨다.

하나님은 구약성경의 역사를 통해서 죄에 관해 두 가지를 반복해서 교훈해 주셨다. 하나는, 죄의 값은 죽음이라는 것, 곧 생명의 피 값이 흘려지지 않으면 죄는 결코 용서받을 수 없다는 것이다. 다른 하나는, 누군가 죄를 지은 사람을 대신해서 죽으면 그 사람의 죄가 용서받을 수 있다는 것이다.

구약 시대에 짐승으로 드려진 성막 제사는 장차 예수님이 당신의 몸으로 드릴 십자가 제사의 그림자에 불과했다. 구약의 선지자들은 종말이 되면 메시아가 나타나서 인류의 죄를 제거할 것이라고 예언했는데, 이에 대해 가장 구체적으로 예언한 선지자가 이사야다. 이사야 선지자는 장차 인류의 죄를 대신해서 죽을 고난 받는 종이 올 것이라고 예언하고 있다.

> "그가 찔림은 우리의 허물 때문이요 그가 상함은 우리의 죄악 때문이라 그가 징계를 받으므로 우리는 평화를 누리고 그가 채찍에 맞으므로 우리는 나음을 받았도다 우리는 다 양 같아서 그릇 행하여 각기 제 길로 갔거늘 여호와께서는 우리 모두의 죄악을 그에게 담당시키셨도다"(사 53:5-6).

> "여호와께서 말씀하신다. '그가 상처를 입고 고통을 당한 것은 내 뜻이었다 … 그를 통해 내 뜻이 성취될 것이다 … 나의 의로운 종은 자기 지식으로 많은 사람을 의롭게 하며 그들의 죄를

담당할 것이다 … 그는 기꺼이 자기 생명을 바쳐 범죄자처럼 되었으며 많은 사람들의 죄를 짊어지고 그들이 용서받도록 기도하였다'"(사 53:10-12, 현대인의성경).

하지만 이사야가 예언할 당시에는 종말에 나타나 인류의 죄를 대신해서 죽을 메시아가 누구인지 구체적으로 알 수 없었다. 그런데 예수님이 이 땅에 오시고 십자가에 죽으셨을 때, 모호했던 구약의 예언이 너무나도 분명해졌다. 이사야가 예언한 말씀은 추호의 의심도 없이 하나님의 아들로 이 땅에 오신 예수님의 십자가 죽음을 통해서 문자 그대로 성취되었다. 구약성경의 흐름을 꿰고 있던 사도들은 예수님의 십자가 죽음을 목격한 이후에야 비로소 자신들이 모셨던 예수님이 '유월절 어린양으로, 대속죄일의 아사셀 염소로, 대속의 죽음을 감당하는 고난 받는 종'으로 이 땅에 오셨고, 십자가의 죽음을 통해 온 인류의 죗값을 완벽하게 대신해서 지불하셨음을 깨닫게 되었다. 그래서 사도들이 전했던 최초의 복음, 사도 바울이 그대로 전수해서 이방인들에게 전했던 오리지널 복음의 첫 메시지는 '예수님이 우리 죄를 위해 죽으셨다'는 것이었다.

하나님이 구약성경을 통해 일관되게 교훈해 오신 대속 제물의 기준을 놓고 볼 때, 예수님만이 왕이신 하나님을 반역하고 떠난 인류의 모든 죄를 용서할 수 있는 완벽한 제물이셨다. 하나님이 제시하신 완벽한 속죄 제물의 기준은 '아무런 흠이 없어야 한다'는 것이었다. 하나님이 제시하신 절대 기준을 짐승이 아닌 사람에게 적용하면 이런 이야기가 된다. 누군가 완벽한 대속 제물이 되려면, 반드시 두 가지 조건을 충족시켜야 한다. 하나는 소극적인 측면으로, 제물 스스로가 모든 죄와 허물에서부터 깨끗해야 한다는 것이다. 다른 하나는 적극적인 측면으로, 제물은 왕이신 하나님의 말씀에 완벽하게 순종하는 삶을 살아야 한다는 것이다. 성경의 증언에 따르면, 이 두 가지 조건을 완벽하게 충족시킨 분은 하나님의 아들로 이 땅에 오신 예수님밖에 없었다. 예수님은 성령의 능력으로 처녀인 마리아의 몸에서 태어났기에 죄에 오염되지 않으셨다. 게다가 예수님은 일생을 살면서 우리와 똑같이 사탄의 유혹과 시험에 노출되었지만, 단 한 번도 걸려 넘어진 적이 없으시다.

"모든 일에 우리와 똑같이 시험을 받으신 이로되 죄는 없으시니라"(히 4:15).

뿐만 아니라 예수님은 일생을 당신의 뜻을 따라 마음대로 살지 않고, 오직 아버지 하나님의 뜻에 철저하게 복종하는 삶을 사셨다. 예수님은 하나님이 명하신 율법의 모든 요구를 완벽하게 성취하셨다.

히브리서 기자는 율법의 모든 요구를 완벽하게 성취하신 예수님이 갈보리 언덕에서 드린 십자가 제사가 죄 사함과 관련해 어떤 효력을 발생시켰는지를 자세히 설명하고 있다.

> "그리스도께서는 … 염소와 송아지의 피로 하지 아니하고 오직 자기의 피로 영원한 속죄를 이루사 단번에 성소에 들어가셨느니라"(히 9:11-12).

예수님은 갈보리 언덕의 십자가 위에서 당신을 제물로 삼아 딱 한 번의 제사를 드리셨지만, 그 제사는 인류의 모든 죄를 영원히 사하는 엄청난 효력을 발생시켰다. 예수님이 십자가에서 돌아가심과 동시에 발생한 한 사건을 통해 보이지 않는 죄 사함의 효력이 육안으로 확인되었다.

> "예수께서 다시 크게 소리 지르시고 영혼이 떠나시니라 이에 성소 휘장이 위로부터 아래까지 찢어져 둘이 되고"(마 27:50-51상).

예수님이 십자가에 못 박혀 죽으셨을 때 지성소로 들어가는 휘장이 찢어졌다는 것은, 우리 죄로 인해 가로막혀 있던 모든 장벽이 허물어지고 거룩하신 하나님께 나아가는 길이 활짝 열렸다는 것을 의미한다. 히브리서 기자는 이 사건의 의미를 자세하게 풀어서 다음과 같이 설명하고 있다.

"그러므로 형제들아 우리가 예수의 피를 힘입어 성소에 들어갈 담력을 얻었나니 그 길은 우리를 위하여 휘장 가운데로 열어 놓으신 새로운 살길이요 휘장은 곧 그의 육체니라"(히 10:19-20).

예수님은 십자가와 부활의 복음을 통해 죄와 사망의 권세를 이기고 승리하셨다. 주 예수 그리스도의 복음을 통해 하나님 나라가 이미 시작되었다. 예수님은 70인 전도대가 돌아와서 전한, "주님! 주의 이름으로 명령하니까 귀신들도 우리에게 항복했습니다"라는 보고를 듣고 "사탄이 하늘로부터 번개같이 떨어지는 것을 내가 보았노라"(눅 10:18)라고 말씀하셨다. 그러면서 예수님은 "내가 하나님의 성령을 힘입어 귀신을 쫓아내는 것이면 하나님의 나라가 이미 너희에게 임하였느니라"(마 12:28)라고 선언하셨다.

물론 하나님 나라의 최종적 완성은 주의 재림과 함께 이루어질 것이다. 우리는 하나님 나라와 관련해 '이미'와 '아직' 사이에 살고 있다. 그렇기에 우리는 주 예수 그리스도의 복음을 통해 이미 시작된 하나님 나라의 일꾼이 되어 주의 재림과 함께 최종적으로 완성될 하나님 나라를 바라보며 이 땅에 하나님 나라를 확장해 가는 사역에 적극적으로 동참해야 한다. 우리는 기도의 골방에서 사역의 기도를 통해 세계 열방을 품으며 하나님 나라 사역에 동참할 수 있다.

2. 사역의 기도를 위한 표준 교과서, 주기도문

자신들에게도 기도를 가르쳐 달라는 제자들의 요청에 예수님은 이렇게 기도하라며 주기도문을 주셨다. 주기도문은 모든 성도가 교회 공동체 안에서 항상, 함께 그리고 가장 기본적으로 드려야 하는 가장 확실한 기도 지침서다. 주기도문에는 예수님이 선포하신 하나님 나라와 그 나라 백성 공동체의 정체성, 즉 교회와 성도들의 신앙과 이상과 소망이 가장 잘 표현되어 있다. 예수님의 가르침과 사역의 모든 것이 주기도문 속에 요약되어 녹아 있다고 말할 수 있다. 그러므로 우리는 주기도문을 표준 교과서로 활용해 밖을 향한 사역의 기도를 드리며 기도의 골방에서 세계 열방을 품는 하나님 나라 사역에 동참할 수 있다.

주기도문은 먼저 하나님의 이름을 부르면서 시작된다.

▼ 하늘에 계신 우리 아버지

예수님은 하나님이 하늘에 계신 분임을 기억하라고 말
씀하신다. 하나님이 하늘에 계시다는 것은 하나님의 초월성
을 강조한다. 하나님은 천지 만물을 창조하신 분이다. 지금
도 하늘 보좌에 앉아 세상 만물을 다스리고 계신다.

그런데 주님은 하늘에 계신 하나님을 '아빠'라 부르면서 기
도를 시작하라고 말씀하신다. 하늘에 계신 크고 위대한 하나
님이 우리의 아버지가 되신다는 것이다. 그렇다. 하나님 아
버지는 아들을 통해 우리를 직접 찾아와 우리와 함께해 주셨
고(임마누엘 하나님), 지금도 성령을 통해 우리 안에 거하면서 우
리를 돌봐 주신다(성령의 내주).

유대인들 가운데 하나님을 아빠라고 부르는 사람은 없다.
유대 신학의 틀 속에서는 사실상 불가능하다. 이것은 하나님
에 대한 신성 모독이자 불경건의 죄를 짓는 행위다. 그런데
예수님은 하나님을 늘 '아빠 아버지'라고 부르셨고, 제자들에

게도 하나님을 '아빠'라고 부르면서 기도하라고 요청하셨다. 예수님의 이런 어법과 태도는 실제로 당신이 하나님의 유일한 아들이라는 확실한 '자기 이해'가 있었기 때문에 가능한 일이었다. 사복음서를 보면 하나님도 아들 예수님이 요단 강에서 세례를 받으셨을 때 그리고 변화 산에 오르셨을 때, 하늘 문을 열고 직접 '이는 내 사랑하는 아들이고, 내가 기뻐하는 자'라는 분명한 음성을 들려주셨다.

그런데 우리가 예수 그리스도의 복음을 받아들이게 되면, 우리도 맏아들이신 예수님을 통해 하나님의 사랑받는 자녀가 된다. 성경을 보면 "영접하는 자 곧 그 이름을 믿는 자들에게는 하나님의 자녀가 되는 권세를 주셨으니"(요 1:12)라고 약속하고 있고, 우리를 거듭나게 하신 성령은 양자의 영으로 우리 안에 거하면서 우리 영과 더불어 하나님을 '아빠 아버지'라고 부르게 해 주신다(롬 8:15). 그러므로 성령으로 거듭난 사람들, 예수 믿고 하나님의 자녀가 된 성도들만이 하나님을 향해 '아빠 아버지'라고 부르며 기도의 자리로 나아갈 수 있는 것이다. 그리고 예수 그리스도를 믿는 믿음을 통해서 하나님과 아버지와 아들의 관계가 형성되었다면, 우리가 올려 드리는 기도는 이미 응답된 것이나 마찬가지다. 주님은 기도 응답을 의심하는 우리를 향해 오히려 "너희가 악한 자라도 좋은 것으로 자식에게 줄 줄 알거든 하물며 하늘에 계신 너희 아버지께서 구하는 자에게 좋은 것으로 주시지 않겠느냐"(마 7:11) 하며 반문하고 계신다.

예수님은 기도의 자리에서 가장 먼저 하나님 아버지의 이름을 부른 다음에는 세 개의 '아버지 청원'을 구하라고 말씀하신다.

▶ 아버지의 이름을 거룩하게 하시며

첫 번째 청원은, 오직 하나님의 이름만 거룩히 여김을 받게 해 달라는 간구다. 아담의 범죄 이후로 타락하고 부패한 인생들은 지독한 자기중심성 속에서 하나님의 영광이 아니라 자기 영광을 추구한다. 조금만 방심하면 우리도 하나님의 이름보다 우리의 이름을 앞세우기 쉽고, 하나님의 영광이 아니라 우리의 영광을 추구하기 쉽다. 그러므로 이 기도를 통해 우리 삶의 목표가 오직 하나님만을 높이고 하나님께 영광 돌리는 삶이 되게 해 달라고 간구해야 한다. 시편 기자의 간구처럼 "여호와여 영광을 우리에게 돌리지 마옵소서 우리에게 돌리지 마옵소서 … 주의 이름에만 영광을 돌리소서"라고 해야 한다(시 115:1). 웨스트민스터 소요리 문답에서도 "사람의 제일 되는 목적은 오직 하나님을 영화롭게 하고 영원토록 그분을 즐거워하는 것"이라고 가르치고 있다.

▶ 아버지의 나라가 오게 하시며

두 번째 청원은, 이 땅에 하나님 나라가 임하게 해 달라는 간구다. 우리는 어떤 하나님 나라를 구해야 할까? 예수님 당시 유대인들은 로마 제국을 무너뜨리고 이스라엘이 독립하는 정치적이고 군사적인 하나님 나라를 꿈꿨다. 하지만 예수님은 사탄의 지배 속에서 죄와 고난과 죽음으로 고통 받고 있는 사람들에게 의와 생명과 영생이 있는 진정한 하나님 나라를 선물로 주기를 원하셨다.

하나님 나라는 먹고 마시는 것이 아니라, 오직 성령 안에서 의와 평강과 희락이다(롬 14:17). 예수 그리스도의 복음을 통해 하나님 나라와 그분의 통치가 이미 시작되었다. 그러나 하나님 나라의 최종적인 완성은 아직 이 땅에 도래하지 않았다. 주님이 다시 오시는 그날, 하나님 나라의 최종적인 완성이 이루어질 것이다. 그렇기에 '이미'와 '아직' 사이를 살아가는 우리는 하나님 나라, 그분의 통치가 이 땅에 사는 사람들 가운데 임하기를 날마다 기도하며 간구해야 한다.

▼ 아버지의 뜻이 … 이루어지게 하소서

세 번째 청원은, 하늘에서처럼 이 땅에서도 하나님의 뜻이 이루어지게 해 달라는 간구다. 기도의 목적이 이보다 쉽고 명확하게 드러나는 곳도 없다. 기도의 목적은 하나님이 우리의 뜻이나 우리의 소원을 이루어 주시는 것이 아니다. 반대로 내 뜻을 하나님의 뜻에 맞추는 것이다. 하나님의 뜻은 죄와 사망의 권세 아래 놓여 있는 이 세상의 구원(요 6:40)과 구원받은 성도들의 거룩한 삶이다(살전 4:3).

이 땅에 오신 예수님은 "나의 양식은 나를 보내신 이의 뜻을 행하며 그의 일을 온전히 이루는 이것이니라"(요 4:34)라고, "내가 아무것도 스스로 할 수 없노라 … 나는 나의 뜻대로 하려 하지 않고 나를 보내신 이의 뜻대로 하려 하므로"(요 5:30)라고, "내가 하늘에서 내려온 것은 내 뜻을 행하려 함이 아니요 나를 보내신 이의 뜻을 행하려 함이니라"(요 6:38)라고 당신의 행동 원칙과 지침이 무엇인지를 분명히 말씀해 주셨다.

예수님은 겟세마네 동산에서 십자가의 잔을 앞에 두고 "만일 할 만하시거든 이 잔을 내게서 지나가게 하옵소서" 하며 세 번씩 요청하셨지만, 결국에는 "나의 원대로 마시옵고 아버지의 원대로 하옵소서" 하며 하나님의 뜻에 당신의 뜻을 쳐서 복종시키셨다(마 26:39).

우리는 우리를 향한 하나님의 뜻이 무엇인지 성경을 통해 익히 알고 있다. 그러나 하나님의 뜻에 순종하려면 대가 지불이 필요하다. 시간도 내야 하고, 자존심도 내려놓아야 하고, 금전적 손해도 감수해야 하고, 내가 먼저 섬겨야 하고, 내가 먼저 희생하고 헌신해야 한다. 그러다 보니 하나님의 뜻을 몰라서가 아니라, 하나님의 뜻을 알면서도 순종하지 못할 때가 많다. 그렇기에 우리는 이 기도를 통해 끊임없이 우리 자신을 내려놓는 훈련, 우리의 뜻을 접고 하나님의 뜻을 받드는 훈련, 드러난 하나님의 뜻에 토 달지 않고 전적으로 순종하는 훈련을 해야 한다. 하나님의 뜻에 순종하기 위해서는 우리 몸을 쳐서 복종시켜야 한다. 날마다 우리의 정과 욕심을 십자가에 못 박아 버려야 한다. 바울처럼 "나는 날마다 죽노라" 하는 고백이 있어야 한다(고전 15:31). 주님은 말씀하신다.

"누구든지 하나님의 뜻대로 행하는 자가 내 형제요 자매요 어머니이니라"(막 3:35).

예수님은 세 개의 '아버지 청원'에 이어 세 개의 '우리 청원'을 구하라고 말씀하신다.

▼ 오늘 우리에게 일용할 양식을 주시고

첫 번째 청원은, 우리에게 매일의 양식을 허락해 달라는 간구다. 먼저 우리가 구해야 하는 양식(에피우시온)은 단순히 '떡'만이 아니라 '생명 유지'에 필요한 모든 것, 즉 생명, 건강, 경제, 가정, 자녀 등을 포함한다. 하나님은 이스라엘이 광야에서 보내는 40년 동안 만나와 메추라기를 비롯해 모든 삶의 필요를 채워 주셨다. 다시 말해, 그들의 생명과 안전을 지켜 주셨고, 가정과 자녀를 돌봐 주셨고, 의복이 해지거나 발이 부르트지 않도록 지켜 주셨다.

이것은 오늘도 마찬가지다. 광야 같은 인생길을 걷고 있는 우리 삶의 필요들을 채워 주시는 분은 오직 하나님 한 분밖에 없다. 인간은 스스로 착각하는 것과는 다르게 자기 생명과 삶의 필요들을 채울 수 없다. 교만한 인생들이 하나님을 배제한 채 맘몬의 우상인 돈과 물질을 섬기며 삶의 필요를 자기 스스로 해결하려고 하지만 무모하고 어리석은 행동일 뿐이다. 공기와 물과 비를 주시는 분이 하나님이시다. 우리 생명을 붙잡고 계신 분이 하나님이시다. 아무리 걱정해도 우리는 우리의 키를 한 치라도 더 늘릴 수 없다. 아무리 소원해도 우리는 우리의 수명을 조금이라도 더 연장할 수 없다. 우리의 생명을 붙잡고 계신 분, 우리 삶의 필요를 공급해 주시는 분은 오직 하나님 한 분밖에 없다.

하나님 없이는 단 하루도 생존할 수 없다는 생각이 우리를 겸손하게 하고, 우리의 생명과 삶이 오직 하나님께 달려 있다는 고백이 하나님을 영화롭게 한다. 우리에게 일용할 양식을 달라는 청원은 오직 하나님만을 의지하며 살겠다는 믿음과 신뢰의 신앙 고백이다.

▶ 우리가 우리에게 잘못한 사람을 용서하여 준 것 같이 우리 죄를 용서하여 주시고

두 번째 청원은, 우리가 우리에게 죄지은 자를 용서해

준 것처럼 우리의 죄를 용서해 달라는 간구다. 여기서 '죄'는 '빚'(오페일레마)이라는 단어를 번역한 것으로, 이 두 번째 청원의 배경은 예수님이 말씀하신 일만 달란트 빚진 자의 비유다(마 18:23-35). 예수님은 이 비유를 통해 하나님으로부터 평생 갚아도 도무지 갚을 수 없는 일만 달란트나 되는 죄의 빚을 아무런 조건 없이 탕감 받은 자라면 백 데나리온밖에 되지 않는 다른 사람들의 잘못과 허물을 용서하며 살아야 할 것을 교훈해 주셨다.

두 번째 청원은 우리가 우리에게 잘못한 사람을 용서해 주었으니 하나님도 우리 죄를 용서해 주셔야 한다는 조건부 기도가 아니다. 오히려 그 반대다. 우리가 하나님으로부터 아무런 조건 없이 죽을 수밖에 없는 죄를 용서받았으니, 다른 사람이 우리에게 아무리 큰 잘못을 하더라도 백 데나리온밖에 되지 않는 허물을 하나님의 사랑으로 용서하며 살겠다는 서약의 기도다(동시성의 완료형. 아피에미)*. 그러므로 두 번째 청원은 우리가 지은 죄를 용서해 달라는 간구와 동시에 다른 사람의 허물을 용서하며 살겠다는 서약이다. 하나님으로부터 모든 죄를 용서받은 우리는 다른 사람들의 허물을 용서하며

---

* 김세윤,《주기도문 강해》(두란노아카데미), p. 169.

살아야 한다. 하나님으로부터 받은 조건 없는 사랑과 용서를 다른 사람들에게 흘려보내는 것이 바로 하나님 나라 백성의 삶이다.

▼ **우리를 시험에 빠지지 않게 하시고 악에서 구하소서**

세 번째 청원은, 우리를 시험에 들지 않게 하시고 우리를 악으로부터 구해 달라는 간구다. 첫 사람 아담은 뱀의 유혹을 이기지 못해 하나님이 금하신 선악과를 따 먹고 말았다. 아담의 후손인 인생들에 대한 사탄의 유혹은 오늘도 계속되고 있다. 첫 사람 아담이 뱀의 달콤한 유혹에 넘어가 죄를 짓고 사망에 이른 것처럼, 오늘도 아담의 후손인 인생들이 사탄의 달콤한 유혹에 넘어가 온갖 종류의 죄를 지으며 멸망의 길로 치닫고 있다. 그러나 마지막 아담으로 오신 예수님은 광야에서부터 십자가에 달리실 때까지 끊임없는 사탄의 도전과 시험을 받았지만, 그 유혹들을 모두 이기고 승리하셨다(히 4:15).

예수 그리스도의 복음을 통해 새로운 피조물로 거듭난 우리는 시시각각으로 다가오는 죄의 유혹들을 이기고 믿음으로 승리해야 한다. 이미 복음 안에는 사탄과 악의 세력들을 멸하고 이기는 능력이 담겨져 있다. 복음의 주인공인 예수님이 십자가에서 죄의 값을 모두 지불하고 죽으셨다가 다시 죽음의 권세를 이기고 부활하셨을 때 악의 세력의 우두머리인 사탄의 머리는 이미 박살났다. 사탄은 사지에 남아 있는 힘으로 최후의 발악을 하지만, 우리는 복음과 성령의 능력으로 사탄과 악의 세력을 능히 이길 수 있다.

주님은 이미 "세상에서는 너희가 환난을 당하나 담대하라 내가 세상을 이기었노라"(요 16:33)라고 선언하셨다. 우리가 이 말씀을 붙잡고 사탄과 죄의 세력과 맞서 싸운다면 바울처럼 "우리 주 예수 그리스도로 말미암아 우리에게 승리를 주시는 하나님께 감사하노니"(고전 15:57)라는 고백을 올려 드릴 수 있다. 주님은 이런 승리의 고백을 담아 주기도문을 "나라와 권능과 영광이 영원히 아버지의 것입니다"라는 영광송으로 마무리하라고 교훈해 주셨다.

이렇게 우리는 기도의 자리에서 주기도문을 통해 밖을 향한 사역의 기도를 드릴 수 있다. 기도의 골방에서 주기도문을 통해 세계 열방을 품을 수 있고, 하나님 나라 사역에 동참할 수 있다.

3.

사역과 중보의 자리로 이끄는
사역의 기도

일반적으로 우리는 기도할 때 우리의 관심사를 먼저 하나님께 아뢴다. "물질의 복을 주세요. 건강을 주세요. 빨리 회복되게 해 주세요. 가정의 평안을 주세요. 자녀가 좋은 대학에 가게해 주세요. 좋은 직장을 갖게 해 주세요. 좋은 배우자를 만나게해 주세요. 집을 살 수 있게 해 주세요." 그러나 예수님은 우리의 관심사보다 하나님의 관심사를 먼저 아뢰라고 말씀하신다.

"너희는 먼저 그의 나라와 그의 의를 구하라"(마 6:33).

왜 하나님의 관심사를 먼저 구하라고 하실까? '먼저 그의 나라와 그의 의를 구하는 것'이 응답받는 기도의 첩경이기 때문이다. 그러면 먼저 그의 나라와 그의 의를 구하면서 기도 응답을 받는 은혜의 자리로 나아가려고 할 때 우리가 해야 할 일은 무엇일까?

▶ 우리의 모든 것을 아시는 하나님

첫째, (하나님은 우리가 구하지 않아도) 우리 형편을 이미 알고 계심을 알아야 한다. 예수님은 어떤 사람이 먼저 그의 나라와 의를 구하는 믿음의 자리로 나아갈 수 있는지를 다음과 같이 교훈해 주신다. 마태복음 6장 33절은 이렇게 시작된다. "그런즉." 먼저 하나님의 관심사를 구할 수 있으려면 한 가지 전제되어야 할 것이 있다. 그것은 믿음이다. 어떤 믿음인가?

> "너희 하늘 아버지께서 이 모든 것이 너희에게 있어야 할 줄을 아시느니라"(마 6:32하).

하나님은 우리가 구하기 전에 우리에게 필요한 것이 무엇인지를 이미 알고 계신다. 더 정확히 말하면, 하나님은 우리가 알고 있는 것보다 우리의 사정을 더 잘 알고 계신다. 예수님은 제자들에게 이 믿음이 있다면 이방인처럼 기도해서는 안 된다며 이런 교훈의 말씀을 해 주셨다.

> "너희는 기도할 때 이방인들처럼 쓸데없는 말을 되풀이하지 말아라. 그들은 말을 많이 해야 하나님이 들어주실 것으로 생각한다. 너희는 그들을 본받지 말아라. 너희 아버지께서는 너희가 구하기 전에 너희에게 필요한 것이 무엇인지 다 알고 계신다"(마 6:7-8, 현대인의성경).

우리에게는 하나님이 어떤 분이신지를 바로 아는 것에 근거해 다음과 같은 믿음이 있어야 한다. '하나님은 우리를 만드셨다. 하나님은 우리의 아버지가 되시고, 우리는 그분의 사랑받는 자녀이다. 처음부터 우리 삶은 그분의 손에 있었다. 하나님은 성령을 통해 지금도 우리 안에 계신다. 그렇기에 하나님은 우리가 어디를 가든지, 무엇을 하든지 우리를 떠나지 않으신다. 삶의 모든 순간을 우리 곁에서 우리와 함께하신다. 하나님은 우리의 모든 생각을 알고 계신다. 우리가 '아버지'라고 부르면, 아버지 하나님은 그 외마디 속에 담겨져 있는 우리의 심정과 마음의 소원을 다 꿰뚫고 계신다. 하

나님은 우리의 작은 신음에도 귀를 기울여 주시고, 우리가 흘리는 모든 눈물을 친히 닦아 주신다.'

이렇게 인자하고 자상하신 하나님이 오늘도 우리에게 "내가 너를 지명하여 불렀나니 너는 내 것이라"라고 말씀하고 계신다. 이것은 우주를 다스리고 통치하는 광대하신 하나님이 이 세상의 보잘것없는 연약한 인생인 우리 한 사람, 한 사람을 이름을 불러 가며 인격으로 알고 계신다는 의미다. 우리는 하나님이 우리가 '구하기 전에' 우리의 형편을 이미 알고 계시고, 우리 형편을 '나보다 더 잘 알고 계시는' 분이심을 확신해야 한다. 이 확신을 가질 때 비로소 우리는 우리의 형편과 처지로 인해 생겨나는 모든 염려와 근심을 하나님께 온전히 맡길 수 있고, 우리의 관심사가 아니라 하나님의 관심사를 먼저 아뢰는 기도의 자리로 나아갈 수 있게 되는 것이다.

▶ **되는 기도를 하라**

둘째, 우리는 하나님에 대한 절대적 믿음과 확신 속에서 하나님 나라와 의를 구하는 기도를 드려야 한다. 하나님은 우리가 구하기 전에 이미 우리의 형편을 알고 계신다는 믿음과 확신이 있을 때, 우리는 비로소 예수님의 교훈처럼 먼저 그의 나라와 그의 의를 구하는 자리로 나아가게 된다.

그의 나라와 의를 먼저 구하는 것이 중요하다. 이것이 응답받는 기도의 비결이기 때문이다. 우리의 기도가 응답을 받지 못하는 이유는 많은 경우 너무나 개인적이고, 현세적이고, 세상적인 기도만을 하기 때문이다. 그러므로 우리는 이기심과 욕심에 근거한 기도, 이 세상의 물질적 관점, 성공의 관점에서만 부르짖는 기도를 중단해야 한다. 그리고 하나님이 기뻐하시는 기도, 즉 하나님의 뜻이 이 땅에서, 우리 교회에서, 우리 가정에서, 내 개인의 삶에서 성취되기를 소망하며 하나님 나라와 그분의 의를 구하는 기도를 해야 한다.

그렇다면 먼저 그의 나라와 그의 의를 구하는 기도의 자리로 나아갈 수 있는 구체적인 방법은 무엇인가? 이를 위해서는 '안 되는 기도'는 하지 말고, '되는 기도'를 해야 한다.

안 되는 기도를 하지 말라는 것은 무슨 의미인가? 실제로 우리 욕심을 따라 세상적이고 물질적이고 현세적인 것들, 즉 '아파트 평수를 늘리고, 자녀가 좋은 대학에 진학하고, 땅 사고, 주식 사고, 보험 들고, 재산이 늘어나게 해 달라!'는 기도는 오랫동안 지속되어서는 안 되는 기도다. 이런 기도는 몇 번 하면 스스로 생각할 때도 부끄러워진다. 이런 기도는 스무 번

이상 넘기기 힘들다. '수십 번을 해도 아무렇지 않다'고 생각한다면 문제가 있는 것이다. 개인의 이기심과 욕심에 근거한 기도는 아무리 열심히 해도 하나님이 듣지 않으신다. 성령이 감동하지 않으신다. 그러니 안 되는 기도를 애써서 하려고 하지 말아야 한다. 괜한 헛수고다.

반대로 우리는 되는 기도를 해야 한다. '되는 기도'란 무엇인가? 예수님의 교훈처럼 먼저 그의 나라와 그의 의를 구하는 기도다. 섬기는 교회와 어려운 형편에 있는 성도, 투병 중에 있는 성도, 안타까운 상황에 있는 성도를 위해 기도해 보라. 하나님의 뜻을 따라 부르짖는 기도는 백 번, 천 번을 해도 또 하고 싶어진다. 더 하고 싶어진다. 이것은 하나님이 원하시는 기도다. 성령님이 도우시는 기도다. 이런 기도는 하면 할수록 간절해진다. 성령의 진한 감동이 있다. 때로는 눈물이 나고 하나님의 마음이 전달된다. 반복하면 할수록 더 힘이 나고, 기도가 더 깊어진다. 반드시 응답된다.

겟세마네 동산의 예수님을 생각해 보라. 처음에는 예수님 개인의 생각대로 부르짖으셨다.

> "아버지여 만일 아버지의 뜻이거든 이 잔을 내게서 옮기시옵소서"(눅 22:42상).

그러나 예수님은 점차 하나님의 뜻대로 부르짖기 시작하셨다.

"그러나 내 원대로 마시옵고 아버지의 원대로 되기를 원하나이다"(눅 22:42하).

예수님이 십자가를 질 때 감당해야 하는 당신의 개인적 고통과 수치를 생각지 않고, 저주의 십자가를 통해 인류의 죗값을 대신 지불하고 인류를 구원할 하나님의 계획과 뜻을 생각하며 그분의 나라와 의를 구하는 자리로 나아가셨을 때, 하나님은 땀방울이 핏방울이 될 정도로 힘쓰고 애쓰며 부르짖는 예수님을 이렇게 도와주셨다.

"천사가 하늘로부터 예수께 나타나 힘을 더하더라"(눅 22:43).

겟세마네 동산에서 기도하시던 예수님을 천사가 나타나 도왔던 것처럼, 우리도 하나님의 뜻대로 구하기 시작하면 성령님이 우리의 기도를 도와주신다.

"이와 같이 성령도 우리의 연약함을 도우시나니 우리는 마땅히 기도할 바를 알지 못하나 오직 성령이 말할 수 없는 탄식으로 우리를 위하여 친히 간구하시느니라 마음을 살피시는 이가 성령의 생각을 아시나니 이는 성령이 하나님의 뜻대로 성도를 위하여 간구하심이니라"(롬 8:26-27).

우리는 개인적이고, 현세적이고, 세상적인 관점에서 부르짖는 기도를 중단해야 한다. 쥐어 짜내는 기도는 우리가 힘쓰고 애쓰지만 결국 지쳐 포기하게 되는 기도다. 하나님이 들으시지도 않고, 기뻐하시지도 않는 기도다. 성령님이 도와주시지 않는 기도다. 우리는 더 이상 안 되는 기도를 하지 말아야 한다. 이제부터는 하나님 나라를 위한 기도를 통해 하나님이 기뻐하시는 기도, 하나님이 원하시는 기도, 성령님이 도와주시는 기도, 성령님이 우리를 감동케 하시는 기도, 성령님이 우리의 마음, 생각, 입술을 움직여 하나님의 뜻대로 부르짖게 하시는 '되는 기도'의 자리로 나아가야 한다.

▶ **반드시 응답하시는 하나님**

셋째, (먼저 그의 나라와 의를 구하며 되는 기도의 자리로 나아가면)

하나님이 우리의 필요를 반드시 채워 주신다는 것을 알아야 한다. 예수님은 우리가 먼저 그의 나라와 의를 구하는 자리로 나아가면 우리의 필요는 하나님이 알아서 채워 주실 것임을 분명하게 약속해 주셨다.

> "너희는 먼저 그의 나라와 그의 의를 구하라 그리하면 이 모든 것을 너희에게 더하시리라"(마 6:33).

성경에는 이 사실을 증거하는 수많은 간증이 있다. 사무엘서에 등장하는 한나를 보라. 한나는 자녀를 낳지 못하는 여인이었다. 처음에는 자신의 신세를 한탄하며 자녀를 달라고 기도했다. 그러다 한나는 기도의 자리에서 어두운 사사 시대를 살릴 믿음의 사람이 없어 안타까워하시는 하나님의 마음을 깨닫게 되었다. 그때부터 기도 제목이 바뀌었다.

"하나님, 자녀를 주시면 그 자녀를 평생 나실인으로 구별해서 당신께 다시 드리겠습니다."

하나님은 당신의 뜻대로 부르짖는 한나의 기도에 응답해서 사무엘을 아들로 주셨다. 그리고 한나는 서원한 대로 사무엘을 하나님께 드렸다. 그랬더니 하나님은 한나에게 더 큰 축복을 내려 주셨다.

"여호와께서 한나를 돌보시사 그로 하여금 임신하여 세 아들과 두 딸을 낳게 하셨고 아이 사무엘은 여호와 앞에서 자라니라"(삼상 2:21).

우리가 자녀를 키우다 보면 자녀들에게서 두 가지 모습을 발견하게 된다. 철없는 자녀는 자기가 갖고 싶은 것을 기회가 있을 때마다 이야기하면서 부모로 하여금 절대로 잊지 않도록 '강요'한다. 때로는 귀찮을 정도로, 귀에 못이 박힐 정도로 반복해서 이야기한다. 반면에 속 깊은 자녀는 자기가 갖고 싶은 것이 있어도 어려운 집안 형편, 힘들게 일하시는 부모님 생각에 절대로 먼저 말을 꺼내지 않는다. 사실 부모 입장에서는 필요한 것이 있을 때마다 얄미울 정도로 당당하게 요구하고, 때로는 떼를 쓰고, 안 해 주면 안 될 상황으로 몰고 가는 철없는 자녀를 보고 있노라면 본전 생각이 나고 미워질 때가 있다. 반면에 늘 속 깊게 자기 욕심보다 부모를 먼저 생각하는 자녀를 보고 있노라면, 부모로서 굳이 자녀가 요구하지 않아도 알아서 챙겨 주고 싶은 생각이 든다. 하물며 아버지 하나님은 자기 필요가 있음에도 먼저 당신의 나라와 의를 구하는 자녀에게 얼마나 더 풍성한 것으로 채워 주시겠는가?

하나님의 말씀대로 먼저 그의 나라와 의를 구하는 사람치고 손해 보는 사람은 없다. 한나는 자녀 하나를 하나님께 드렸더니 다섯 자녀를 더해 주셨다. 생각해 보라. 하나님이 뭐가 부족해서 먼저 당신의 나라와 의를 구하라고 하시겠는가? 하나님은 당신의 뜻대로 구하는 우리의 기도를 통해서, 사실은 우리 삶을 더욱 축복해 주신다. 하나님은 우리를 축복할 근거를 찾기 위해, 우리를 축복할 명분을 만들기 위해 먼저 당신의 나라와 의를 구하라고 요청하고 계신 것이다.

하나님의 깊은 마음을 헤아리고 먼저 그의 나라와 의를 구하라는 말씀에 순종하면 우리에게 복이 된다. 하나님을 먼저 구하고 손해 본 사람은 없다. 다 남는 장사를 하게 된다. 주님이 약속하신 '이 모든 것'에는 생활비, 학비, 학업과 진로, 만남과 결혼, 건강과 회복, 집과 땅 등 우리 삶의 구체적인 상황들이 다 포함된다. 우리가 먼저 그의 나라를 구하는 사역의 기도를 통해 아버지 하나님의 사랑받는 자녀가 되었으면 좋겠다. 더 나아가 우리가 하나님 나라를 구하는 사역의 기도를 통해 아버지 하나님이 당신의 사랑하는 자녀들의 삶의 필요를 얼마나 풍성하게 채워 주시는지를 확실하게 목격하는 축복의 주인공이 되기를 바란다.

4. 더 풍성한 사역의 기도를 위하여

우리가 이 땅에 존재하는 이유와 목적이 무엇인지를 모르면 길을 잃고 방황하게 된다. 길을 잃고 방황하는 인생들의 모습은 다양하다. 노아 시대의 사람들은 먹고 마시고 인생을 즐기는 것에만 모든 관심을 기울이고 있었다. 소돔과 고모라 시대의 사람들은 쾌락과 향락, 성적 일탈 그리고 동성애에 빠져 살았다. 사복음서에 나오는 어리석은 부자는 돈을 벌어 집과 땅을 사고, 저축하고 재산을 늘리는 철저한 노후 대책을 통해 인생을 아무런 걱정 없이 편안하게 사는 것에 삶의 목적을 두었다.

"여러 해 쓸 물건을 많이 쌓아 두었으니 평안히 쉬고 먹고 마시고 즐거워하자"(눅 12:19).

젊은 부자 청년은 예수님을 통해 영생의 길을 소개받았는데도 재산에 대한 미련을 버리지 못해 근심하며 돌아갔다. 하나님보다 돈을 더 사랑했기 때문이다. 장터 아이 비유에 나오는 사람들은 피리를 불어도 춤추지 않고, 곡을 해도 울지 않았다. 그들은 자신이 아닌 다른 사람들의 일에 철저히 무관심, 무감정, 무반응했다.

21세기 현대인들이 살아가는 모습은 이 모든 모습을 한데 모아 놓은 것 같다. 하나님보다 돈을 더 사랑한다. 맘몬의 신을 섬긴다. 인생의 목적은 돈을 벌고, 저축하고, 재산을 늘려서 여생을 즐기고 남은 재산은 자손에게 물려주는 것이다. 극단적 이기주의 속에서 자기애에 빠져 있다. 오직 나 자신, 내 가족밖에 모른다. 다른 사람의 고통과 아픔을 돌아볼 줄 모른다. 세상이 주는 즐거움과 쾌락, 성적 탐닉과 타락이 극에 달하고 있다.

성경이 말하는 인생의 목적은 이런 것들에 있지 않다. 하나님은 우리를 단순히 이 땅에서 먹고 마시고 즐기며 살라고 창조하지 않으셨다. 하나님이 인간을 창조하신 이유는 이 땅에서 하나님 나라의 일을 하도록 하기 위함이다. 하나님이 우리를 만드신 목적대로 살려면 반드시 하나님이 우리에게 맡겨 주신 사역을 감당해야 한다.

창세기를 보면 하나님은 아담과 하와를 창조한 후 "생육하고 번성하라. 땅에 충만하라. 땅을 정복하고 다스리라!"는 사명을 주셨다. 하나님은 아담과 하와를 에덴동산에 두면서 "마음껏 먹고 마시며 인생을 즐겨라. 열심히 일해서 집 사고, 땅 사고, 저축하며 재산을 불려라. 조금이라도 젊고 건강할 때 열심히 일해서 노후 대책을 철저히 세워라"라고 말씀하지 않으셨다. 오히려 하나님은 아담과 하와를 부르면서 "먹고사는 문제는 내가 책임져 줄 테니, 너희는 에덴동산에 널려 있는 땅들을 경작하고, 악한 세력들이 에덴동산에 침투하지 못하도록 철저하게 지켜라"라는 미션을 주셨다.

우리 인생의 목적은 먹고, 마시고, 누리고, 즐기고, 저축하고, 집 사고, 땅 사고, 노후 대책을 세우는 것에 있지 않다. 우리 인생의 목적은 하나님이 주신 건강과 시간과 물질과 은사를 가지고 하나님과 이웃을 섬기는 가운데 하나님 나라가 이 땅에 이루어지는 사역에 동참하는 데 있다.

"우리는 그가 만드신 바라 그리스도 예수 안에서 선한 일을 위하여 지으심을 받은 자니 이 일은 하나님이 전에 예비하사 우리로 그 가운데서 행하게 하려 하심이니라"(엡 2:10).

하나님이 그 아들 예수님을 통해 우리를 구원하신 이유도 우리의 몸과 마음을 바쳐 하나님께 영광 돌리는 삶을 살도록 하기 위함이다.

"[너희는] 값으로 산 것이 되었으니 그런즉 너희 몸으로 하나님께 영광을 돌리라"(고전 6:20).

우리는 모두 예수 그리스도께 구원의 빚을 진 자들이다. 예수 그리스도의 구원을 통해 우리는 우리의 과거를 용서받았고, 현재의 삶에는 새로운 의미가 부여되었으며, 우리 미래에 대한 확실한 보장을 받았기 때문이다. 이 엄청난 은혜와 혜택을 받았기에, 바울은 우리에게 "그러므로 형제들아 내가 하나님의 모든 자비하심으로 너희를 권하노니 너희 몸을 하나님이 기뻐하시는 거룩한 산 제물로 드리라"(롬 12:1)라고 말하고 있다. 예수님으로부터 구원의 빚을 지고 있는 우리는 천국에 들어갈 때까지 하나님을 섬기고, 교회와 성도를 섬기고, 이웃과 세상을 섬기는 일을 통해 하나님 나라 사역에 동참해야 한다. 하나님이 우리를 은혜로 구원하신 후 바로 천국에 데려가지 않으신 이유, 죄악된 세상에 더 살도록 남겨 두신 이유는, 우리가 하나님의 손과 발이 되어 이 땅에 하나님 나라를 확장하도록 하시기 위함이다.

이 땅에서의 삶이 끝나는 날 우리는 하나님 앞에 서게 될 것이다. 그때 하나님은 우리가 얼마나 사명, 곧 하나님 나라의 사역을 잘 감당했는지를 가지고 우리의 삶을 평가하실 것이다.

"이러므로 우리 각 사람이 자기 일을 하나님께 직고하리라" (롬 14:12).

"보라 내가 속히 오리니 내가 줄 상이 내게 있어 각 사람에게 그가 행한 대로 갚아 주리라"(계 22:12).

마지막 날, 하나님은 우리에게 주신 달란트로 우리가 얼마나 하나님 나라 사역을 잘 감당했는지를 평가하실 것이다. 그날에 하나님은 우리가 얼마나 유능한지, 무엇을 성취했는지, 얼마나 돈을 벌었는지, 어떤 집에 살았는지, 얼마만큼의 부동산을 축적했는지를 묻지 않으신다. 그 대신 하나님이 주신 것들(시간, 능력, 은사, 재물, 건강 등)을 가지고 얼마나 하나님 나라 사역에 동참했는지, 그래서 하나님이 주신 사명을 얼마나 잘 감당했는지를 평가하신다.

하나님의 관점에서 보면 마지막 날 두 가지 상반된 평가가 내려질 것이다. 하나님은 당신이 맡기신 것 이상을 남긴 종들에게는 "잘하였도다 착하고 충성된 종아 네가 적은 일에 충성하였으매 내가 많은 것을 네게 맡기리니 네 주인의 즐거움에 참여할지어다"(마 25:21, 23) 하고 칭찬해 주실 것이다. 하지만 받은 것을 가지고 아무것도 하지 않은 종들에게는 "악하고 게으른 종아, 너는 나를 떠나 마귀와 그 사자들을 위하여 예비된 지옥 불에 들어가라"는 심판을 선고하실 것이다.

그날에 우리의 모든 변명은 공허하게 들릴 것이다. "저는 너무 바쁜 인생을 살았어요. 일하느라, 저축하느라, 자식 키우느라, 집 사고 땅 사느라, 인생을 누리고 즐기느라, 은퇴를 준비하느라 정신이 없었어요." 이 모든 변명에 대해 하나님은 분명히 말씀하실 것이다. "그것은 틀린 답이다. 내가 너를 창조하고 구원한 후 하나님 나라 사역을 감당하라고 분명히 말했는데 왜 내 말에 순종하지 않았느냐. 왜 인생을 허비했느냐" 하며 엄히 꾸짖고 책망하실 것이다.

우리는 기도의 골방에서 드리는 사역의 기도를 통해 우리 인생의 의미와 목적이 무엇인지를 깊이 명심하여 조금도 후

회뙤이 없는 인생, 조금도 낭비되지 않는 인생을 살며 하나님의 부르심의 소망을 따라 주님 앞에 서는 날까지 하나님 나라 사역에 동참해야 한다.

'주기도문'으로 드리는 밖을 향한
사역의 기도

이 땅에 주의 나라가 임하기를 원하시는 하나님!

나의 영광이 아니라 하나님의 영광을 구하게 하소서.
삶의 주인이 내가 아니라 하나님임을 고백하게 하소서.
내 뜻이 아니라 하나님의 뜻을 구하는 인생 되게 하소서.

삶의 모든 필요는 주님이 공급해 주심을 확신케 하소서.
일만 달란트의 빚을 탕감받은 자로서
백 데나리온의 빚진 자를 용서하며 살게 하소서.
시시각각으로 다가오는 모든 죄의 유혹을 이기게 하소서.
우리 시대에 펼쳐진 사탄의 견고한 진을 무너뜨려 주소서.
모든 나라와 권세와 영광은 영원히 아버지의 것임을 믿습니다.

예수님의 이름으로 기도드립니다. 아멘.

예수님은 이 세상에 계실 때 기도가 얼마나 중요한
지를 삶의 모범으로 보여 주셨다. 사실 예수님은 하나님이시
다. 다시 말하면, 기도할 필요나 이유가 없으신 분이다. 그럼
에도 불구하고 예수님은 육신을 입고 이 땅에 계시는 동안 누
구보다 열심히 그리고 많이 기도하셨다. 예수님은 기도로 하
루를 시작하고, 기도로 모든 사역을 감당하고, 기도로 하루를
마무리하신 분이다.

제자들의 증언에 의하면, 예수님의 기도 생활은 거룩한 습
관이었다(눅 22:39). 친히 기도의 본을 보여 주셨던 주님은 제
자들에게 "기도 외에 다른 것으로는 이런 종류가 나갈 수 없
느니라"(막 9:29)라고 말씀해 주심으로 기도가 얼마나 중요한

지를 일깨워 주셨다. 하나님이고 아무런 죄가 없으신 주님이 세상에 와서 이렇게 기도하셨다면, 한 줌의 흙에 지나지 않는 죄 많은 우리는 얼마나 더 많이 기도해야 할까? 우리가 기도하지 않고 신앙생활한다는 것은 매우 어리석고 교만한 일이다. 우리는 예수님을 통해 자극을 받아야 한다. 우리도 예수님처럼 기도의 사람이 되어야 한다. 기도의 중요성은 아무리 강조해도 지나치지 않다.

그런데 기도할 때 중요한 것은 시간이나 방법이 아니라 기도의 방향이다. 우리가 어떤 식으로 기도하든지 간에, 우리의 기도는 항상 세 방향으로 향해야 한다. 첫 번째는 위를 향한 사귐의 기도다. 우리는 사도신경을 통해 하나님이 어떤 분이신지를 알 수 있고, 그분과 친밀한 사귐을 가질 수 있다. 두 번째는 안을 향한 성품의 기도다. 우리는 십계명을 통해 하나님의 성품을 배울 수 있고, 그분의 성품을 닮아 갈 수 있다. 세 번째는 밖을 향한 사역의 기도다. 우리는 주기도문을 통해 기도의 골방에서 세계 열방을 품으며 하나님 나라의 위대한 사역에 동참할 수 있다. 우리는 교회의 가장 소중한 세가지 유산, 곧 사도신경과 십계명과 주기도문을 통해 위에 계신 하나님을 찬양하며 감사할 수 있고, 우리 내면을 들여다보면서 회개와 간구를 할 수 있고, 밖을 향한 사역의 기도를 통해 중보의 사명을 감당할 수 있다.

이런 방식의 기도 훈련이 일정 기간 동안 반복되면서 어느 정도 자리를 잡게 되면, 그다음부터는 성령의 자유로운 역사를 통해 다양한 변주가 가능해진다. 위를 향한 사귐의 기도와 관련해서는 표준 교과서인 사도신경뿐 아니라 매일 읽는 성경과 큐티 및 설교 말씀을 활용해 하나님과의 더 풍성하고 깊이 있는 만남과 교제를 이어 갈 수 있다. 안을 향한 성품의 기도와 관련해서는 표준 교과서인 십계명뿐 아니라 성령의 아홉 가지 열매 등 다양한 구절을 활용해 하나님을 닮아 가는 성품을 더욱 풍성하게 만들어 갈 수 있다. 밖을 향한 사역의 기도와 관련해서는 표준 교과서인 주기도문뿐 아니라 구약과 신약에 나오는 하나님 나라 관련 구절들, 교회의 사역과 관련된 기도 제목들, 성도들에게 부탁 받은 중보 기도의 제목들 등을 활용해 더 입체적이고 폭넓게 하나님 나라 사역에 동참할 수 있다. 이런 과정이 계속되면 될수록 우리는 기도의 지경이 더 넓어지고, 기도의 영광과 능력이 더 생생하게 체험될 것이다.

우리의 기도는 아름다운 향기가 되어 하늘 보좌로 올라간다. 하나님은 우리의 기도를 듣고 하늘 문을 여닫으신다. 기도하는 한 사람이 기도 없는 한 민족보다 강하다. 우리 모두 성경적 기도의 길을 따라가면서 기도의 놀라운 은혜와 능력을 체험하는 축복의 주인공이 되기를 소망해 본다.

'성경적 기도 훈련 학교' 교재

'성경적 기도 훈련 학교' 교재 활용법

- '성경적 기도 훈련 학교'는 15주 커리큘럼으로 운영된다.
- 개인적으로 혹은 공동체에서 함께 진행할 수 있다.
- 공동체에서 진행할 경우 일주일에 1회, 약 1시간 정도
  본 교재를 활용해 모임을 갖도록 한다.
- 참석자는 과제로 매일 한 시간씩 사귐의 기도(20분),
  성품의 기도(20분), 사역의 기도(20분)를 실천해야 한다.
- 모임 전후에 위-안-밖 기도를 실천하면서
  어떤 깨달음 혹은 변화가 있었는지를 함께 나눈다.

기도의 정의, 근거, 목적

- 모든 종교에는 기도가 있다. 기독교의 기도는 다른 종교의 기도와 무엇이 다른가?
- 성경이 말하는 기도의 정의는 무엇인가?

1. 기도의 정의

1) 잘못된 정의

① 하나님의 힘을 빌려 내 소원과 뜻을 이루는 것.

② 축복의 도구, 부귀영화, 무병장수, 성공과 형통 등.

③ 주의할 점

- 기도는 알라딘의 요술 램프 혹은 도깨비 방망이가 아니다.
- 하나님은 우리의 지극한 정성을 보고 응답해 주시는 것이 아니다(지성이면 감천?).

2) 올바른 정의

① 만남(교제). 하나님을 만나 교제함. 그분을 알아 감. 사랑 체험.

하나 됨을 경험하는 것.

② 간구(하나님 나라). 하나님 나라 사역에 동참. 하나님의 뜻을 이
루는 도구.

3) 다양한 기도

① 종류(10가지)

경배, 감사, 회개/고백, 서원, 묵상, 구원/도움, 중보, 변화/성
장, 치유, 축복.

② 방법

개인/통성 기도, 강청/침묵 기도, 철야/금식 기도, 산/골방 기
도 등.

2. 기도의 근거

피조물인 인간이 과연 창조주 하나님과 소통할 수 있을까? 있다
면 어떻게 가능한가? 무엇이 기도를 가능하게 하는가? 우리는
그만한 자격이 없다. 그러나 삼위일체 하나님이 우리와 함께하
시기 때문에 가능하다.

1) 성부 하나님

● **신 4:7** "우리 하나님 여호와께서 우리가 그에게 기도할 때마다
우리에게 가까이하심과 같이 그 신이 가까이함을 얻은 큰 나라가

어디 있느냐"

2) 중보자 예수님

① 우리의 연약함을 다 알고 계신다.

- **히 4:15** "우리에게 있는 대제사장은 우리의 연약함을 동정하지 못하실 이가 아니요 모든 일에 우리와 똑같이 시험을 받으신 이로 되 죄는 없으시니라"

② 하늘 보좌 우편에서 우리를 중보하고 계신다.

- **히 7:25** "그러므로 자기를 힘입어 하나님께 나아가는 자들을 온전히 구원하실 수 있으니 이는 그가 항상 살아 계셔서 그들을 위하여 간구하심이라"

③ 우리는 중보자 예수님을 통해 하나님 앞에 담대히 나아갈 수 있다.

- **히 4:16** "그러므로 우리는 긍휼하심을 받고 때를 따라 돕는 은혜를 얻기 위하여 은혜의 보좌 앞에 담대히 나아갈 것이니라"

3) 성령 하나님

① 우리는 자녀의 특권을 누리며 아버지 하나님께 나아갈 수 있다.

- **롬 8:15** "너희는 다시 무서워하는 종의 영을 받지 아니하고 양자의 영을 받았으므로 우리가 아빠 아버지라고 부르짖느니라"

② 성령은 하나님의 뜻대로 기도할 수 있게 도와주신다.

- **롬 8:26** "이와 같이 성령도 우리의 연약함을 도우시나니 우리는

마땅히 기도할 바를 알지 못하나 오직 성령이 말할 수 없는 탄식으로 우리를 위하여 친히 간구하시느니라"

3. 기도의 목적

1) 위를 향한 기도
① 하나님과의 사귐을 위해서다.
② 성경은 하나님이 어떤 분이신지를 알려 준다.
③ 성경의 핵심 요약인 사도신경을 활용하면 좋다.
④ 하나님을 알게 되면 찬양과 감사의 고백을 하게 된다.

2) 안을 향한 기도
① 예수님의 성품을 닮아 가기 위해서다.
② 말씀(율법) 속에는 하나님의 성품이 녹아 있다.
③ 율법의 요약인 십계명을 활용해 기도하면 큰 도움을 받을 수 있다.
④ 하지 말라는 계명을 통해 죄를 회개하고, 하라는 계명을 통해 주님을 갈망하게 된다.

3) 밖을 향한 기도
① 하나님 나라 사역에 동참하기 위해서다.
② 교회와 성도는 시작된 하나님 나라를 확장해야 한다.

③ 주님이 가르쳐 주신 주기도문을 활용하면 큰 유익이 있다.

④ 우리는 주기도문을 통해 하나님 나라 사역에 동참할 수 있다.

"기도는 의무를 지나
기쁨에 이르는 길을 찾아가는 여정이다."

-

제임스 패커(J. I. Packer)

위를 향한 사귐의 기도 1
: 성부 하나님

- **1시간 동안 기도해 보니 무엇이 어려웠는가?**
- **위를 향한 기도의 전제 조건은 무엇인가?**(창 3:8, 24; 엡 2:1, 3)

1. 사귐의 기도의 목적

1) 우리의 관심사
기도 응답인가, 하나님인가?

2) 친밀한 사귐과 더 많이 알아 감
- **요일 1:3하** "우리의 사귐은 아버지와 그의 아들 예수 그리스도와 더불어 누림이라"
- **엡 1:17** "우리 주 예수 그리스도의 하나님, 영광의 아버지께서 지혜와 계시의 영을 너희에게 주사 하나님을 알게 하시고"
- **엡 3:18**(새번역) "모든 성도와 함께 여러분이 그리스도의 사랑의 너비와 길이와 높이와 깊이가 어떠한지를 깨달을 수 있게 되고"

3) 사귐의 의미

지속성(1회성 아님), **상호성**(일방적 아님), **역동적**(정적 아님), **풍성함**(무미
건조 아님)

※ 사귐의 기도를 하려면 … 기도의 개념, 기도의 태도, 기도의
목적이 바뀌어야 한다.

2. 우리가 알아야 하는 하나님

1) 전능하신 하나님
- **욥 42:2** "주께서는 못 하실 일이 없사오며 무슨 계획이든지 못
  이루실 것이 없는 줄 아오니"
- **엡 3:20** (쉬운성경) "우리 가운데 일하시는 하나님께서는 우리가
  구하고 생각하는 것보다 훨씬 더 많은 것을 채워 주실 것입니다."

2) 천지 만물을 창조하신 하나님
- **창 1:1** "태초에 하나님이 천지를 창조하시니라"
- **골 1:16** "만물이 그에게서 창조되되 하늘과 땅에서 보이는 것들
  과 보이지 않는 것들과 혹은 왕권들이나 주권들이나 통치자들
  이나 권세들이나 만물이 다 그로 말미암고 그를 위하여 창조되
  었고"

3) 아버지 하나님
- **마 7:11** "너희가 악한 자라도 좋은 것으로 자식에게 줄 줄 알거든

하물며 하늘에 계신 너희 아버지께서 구하는 자에게 좋은 것으로
주시지 않겠느냐"

3. 사귐이 주는 유익들

1) 어머니 품 안에 있는 갓난아기

- **시 131:2** "실로 내가 내 영혼으로 고요하고 평온하게 하기를 젖
  뗀 아이가 그의 어머니 품에 있음 같게 하였나니 내 영혼이 젖 뗀
  아이와 같도다"

2) 환경에 휘둘리지 않는 하늘의 평안

- **빌 4:6-7** "아무것도 염려하지 말고 다만 모든 일에 기도와 간구
  로, 너희 구할 것을 감사함으로 하나님께 아뢰라 그리하면 모든
  지각에 뛰어난 하나님의 평강이 그리스도 예수 안에서 너희 마음
  과 생각을 지키시리라"

3) 하나님 나라와 의를 구하는 삶

- **마 6:31-33** "그러므로 염려하여 이르기를 무엇을 먹을까 무엇
  을 마실까 무엇을 입을까 하지 말라 이는 다 이방인들이 구하는
  것이라 너희 하늘 아버지께서 이 모든 것이 너희에게 있어야 할
  줄을 아시느니라 그런즉 너희는 먼저 그의 나라와 그의 의를 구하
  라 그리하면 이 모든 것을 너희에게 더하시리라"

4) 터져 나오는 찬양과 감사

- **시 145:1-2** "왕이신 나의 하나님이여 내가 주를 높이고 영원히 주의 이름을 송축하리이다 내가 날마다 주를 송축하며 영원히 주의 이름을 송축하리이다"

- **시 136:10-22** "애굽의 장자를 치신 이에게 … 이스라엘을 그들 중에서 인도하여 내신 이에게 … 홍해를 가르신 이에게 … 그의 백성을 인도하여 광야를 통과하게 하신 이에게 … 큰 왕들을 치신 이에게 … 이스라엘에게 기업으로 주신 이에게 감사하라"

4. 사귐의 기도를 위한 질문

1) 당신은 전능하신 하나님, 창조주 하나님, 아버지 하나님을 정말로 믿고 있는가?

2) 불가능하다는 생각에 사로잡혀 하나님께 구하지 않는 기도 제목은 없는가?

3) 우리의 유일한 주가 되신 하나님께 모든 문제(물질, 자녀, 건강 등)를 맡기고 있는가?

4) 아버지 하나님은 우리에게 가장 좋은 것을 주시는 분이라는 확고한 신뢰가 있는가?

위를 향한 사귐의 기도 2
: 성자 예수님

1. 인간이 지은 죄의 심각성

예수님과의 사귐의 기도를 하기 전에 먼저 인간이 지은 죄의 심각성을 알아야 한다.

1) 모든 사람이 죄를 지었다(롬 3:23).

2) 죄의 값은 죽음이다(롬 6:23).

3) 모든 사람이 죽을 운명에 처했다(롬 5:14).

- **롬 5:12** "그러므로 한 사람으로 말미암아 죄가 세상에 들어오고 죄로 말미암아 사망이 들어왔나니 이와 같이 모든 사람이 죄를 지었으므로 사망이 모든 사람에게 이르렀느니라"

2. 우리가 알아야 하는 예수님

1) 태초부터 계셨던 하나님(참 하나님)

- **요 1:1, 3** "태초에 말씀이 계시니라 이 말씀이 하나님과 함께 계셨으니 이 말씀은 곧 하나님이시니라 … 만물이 그로 말미암아 지은 바 되었으니 지은 것이 하나도 그가 없이는 된 것이 없느니라"

2) 사람이 되신 예수님(참 인간)

- **요 1:14** "말씀이 육신이 되어 우리 가운데 거하시매 우리가 그의 영광을 보니 아버지의 독생자의 영광이요 은혜와 진리가 충만하더라"
- **히 4:15** "우리에게 있는 대제사장은 우리의 연약함을 동정하지 못하실 이가 아니요 모든 일에 우리와 똑같이 시험을 받으신 이로되 죄는 없으시니라"

3) 우리를 위해 죽으시고 부활하신 예수님

- **고전 15:3-4** "이는 성경대로 그리스도께서 우리 죄를 위하여 죽으시고 장사 지낸바 되셨다가 성경대로 사흘 만에 다시 살아나사"

4) 하늘로 올라가신 예수님

- **행 1:9** "이 말씀을 마치시고 그들이 보는데 올려져 가시니 구름이 그를 가리어 보이지 않게 하더라"
- **롬 8:34** "죽으실 뿐 아니라 다시 살아나신 이는 그리스도 예수시니 그는 하나님 우편에 계신 자요 우리를 위하여 간구하시는 자시니라"

5) 다시 오실 예수님

- **요 14:3** "가서 너희를 위하여 거처를 예비하면 내가 다시 와서 너희를 내게로 영접하여 나 있는 곳에 너희도 있게 하리라"

- **계 22:12** "보라 내가 속히 오리니 내가 줄 상이 내게 있어 각 사람에게 그가 행한 대로 갚아 주리라"

3. 우리가 고백해야 하는 예수님

1) 유일한 구원자, 예수 그리스도

- **요 14:6** "예수께서 이르시되 내가 곧 길이요 진리요 생명이니 나로 말미암지 않고는 아버지께로 올 자가 없느니라"

- **행 4:12** "다른 이로써는 구원을 받을 수 없나니 천하 사람 중에 구원을 받을 만한 다른 이름을 우리에게 주신 일이 없음이라 하였더라"

2) 선한 목자

- **요 10:11** "나는 선한 목자라 선한 목자는 양들을 위하여 목숨을 버리거니와"

3) 나의 주, 하나님

- **요 20:28** "도마가 대답하여 이르되 나의 주님이시요 나의 하나님이시니이다"

4. 예수님과의 사귐을 통해 배워야 할 것들

1) 예수님의 마음

- **빌 2:5** "너희 안에 이 마음을 품으라 곧 그리스도 예수의 마음이니"

2) 겸손한 섬김

- <u>요 13:14</u> "내가 주와 또는 선생이 되어 너희 발을 씻었으니 너희도 서로 발을 씻어 주는 것이 옳으니라"

3) 놀라운 사랑

- **요 13:1** "유월절 전에 예수께서 자기가 세상을 떠나 아버지께로 돌아가실 때가 이른 줄 아시고 세상에 있는 자기 사람들을 사랑하시되 끝까지 사랑하시니라"

4) 모든 사역의 중심에 있었던 기도

- <u>눅 22:39</u> "예수께서 나가사 습관을 따라 감람 산에 가시매 제자들도 따라갔더니"
- **막 9:29** "이르시되 기도 외에 다른 것으로는 이런 종류가 나갈 수 없느니라 하시니라"

- 공생애 시작하면서 40일 금식 기도(눅 4:1)
- 아무리 바쁘고 피곤해도 새벽 기도(막 1:35)

- 중요한 결정 앞두고 철야 기도(눅 6:12-13)
- 외롭고 힘들 때 산 기도(눅 9:28)
- 하나님의 뜻을 받들기 위한 강청 기도(눅 22:44)
- 십자가 위에서 죽음을 앞두고 임종 기도(눅 23:46)

5) 아버지의 뜻을 이루는 사명의 삶

- **요 6:38** "내가 하늘에서 내려온 것은 내 뜻을 행하려 함이 아니요 나를 보내신 이의 뜻을 행하려 함이니라"

4주

위를 향한 사귐의 기도 3
: 성령 하나님

1. 성령에 대한 오해들

- 뒤틀린 성령의 음성(직통 계시)
- 예언자인가, 점쟁이인가?
- 천국을 들락거리는 사람들
- 신비적 체험
- 예언자 학교 등

2. 성령 하나님은 누구신가

보혜사는 위로자, 상담자, 도움을 주는 분, 조언자, 변호인, 동지, 친구 등을 뜻하는데, 이 모든 역할을 감당할 수 있는 것은 인격체뿐이다(요 15:7, 26). 인격이신 성령 하나님은 들으시고, 말씀하시고, 증거하시고, 확신시키시고, 이끄시고, 인도하시고, 가르치시고, 명령하시고, 금지하시고, 갈망하시고, 도움을 주시고, 탄식으로 중보하시고, 기도하게 하시고, 하나님께 영광 돌리게 하신다.

1) 인격적인 하나님

- <u>요 14:16</u> "내가 아버지께 구하겠으니·그가 또 다른 보혜사를 너희에게 주사 영원토록 너희와 함께 있게 하리니"

2) 하나님의 영

- <u>창 1:2</u> "땅이 혼돈하고 공허하며 흑암이 깊음 위에 있고 하나님의 영은 수면 위에 운행하시니라"

3) 예수의 영

- <u>요 15:26</u> "아버지께로부터 나오시는 진리의 성령이 오실 때에 그가 나를 증언하실 것이요"
- <u>요 14:26</u> "아버지께서 내 이름으로 보내실 성령 그가 너희에게 모든 것을 가르치고 내가 너희에게 말한 모든 것을 생각나게 하리라"

4) 능력의 영 (두나미스)

- <u>행 10:38</u> "하나님이 나사렛 예수에게 성령과 능력을 기름 붓듯 하셨으매 그가 두루 다니시며 선한 일을 행하시고 마귀에게 눌린 모든 사람을 고치셨으니 이는 하나님이 함께 하셨음이라"
- <u>빌 4:13</u> "내게 능력 주시는 자 안에서 내가 모든 것을 할 수 있느니라"

3. 성령이 하시는 일들

성령은 처음부터 끝까지, 영원히 우리와 함께하신다(요 14:16).

1) 생명과 구원의 영
성령은 우리를 거듭나게 하신다(요 3:3-8; 벧전 1:23).

2) 양자의 영
성령은 양자의 영으로 하나님을 아빠 아버지라 부르며 그분의 자녀로 살게 하신다(롬 8:15; 갈 4:6).

3) 성결과 거룩의 영
성령은 성결과 거룩의 영으로 우리가 물들지 않는 거룩한 삶을 살게 하신다(고전 3:16).

4) 진리의 영
성령은 진리의 영으로 하나님의 말씀을 통해 끊임없이 우리를 교훈하시고, 책망하시고, 바르게 해 주시고, 하나님이 기뻐하시는 의의 길을 걸어가게 해 주신다(딤후 3:16-17).

5) 기도의 영
성령은 기도의 영으로 우리가 하나님의 뜻대로 기도하게 해 주신다(롬 8:15).

6) 은사의 영

성령은 우리에게 다양한 은사를 주셔서 주의 몸 된 교회를 섬기게 하신다(고전 12:4-11).

7) 전도와 선교의 영

성령은 전도와 선교의 영으로 우리가 예수 그리스도의 복음을 불신 영혼들에게 전하게 하시고, 그것을 통해 생명과 구원의 역사가 이 땅에 가득하게 해 주신다(행 1:8, 16:7).

4. 인격이신 성령 하나님과 긴밀하게 동행하려면

1) 성령을 근심시키거나 소멸시키지 말아야 한다.
- **엡 4:30** "하나님의 성령을 근심하게 하지 말라"
- **살전 5:19** "성령을 소멸하지 말며"

2) 성령의 충만한 은혜 가운데 거해야 한다.
- **엡 5:18** "오직 성령으로 충만함을 받으라"

위를 향한 사랑의 기도 4
: 최고의 유산

1. 첫 번째 유산: 교회와 성도

1) 교회(하나님의 대가족)

- **마 16:16-18** "시몬 베드로가 대답하여 이르되 주는 그리스도시요 살아 계신 하나님의 아들이시니이다 예수께서 대답하여 이르시되 … 내가 이 반석 위에 내 교회를 세우리니 음부의 권세가 이기지 못하리라"

- **고전 1:2** "고린도에 있는 하나님의 교회 곧 그리스도 예수 안에서 거룩하여지고 성도라 부르심을 받은 자들과 또 각처에서 우리의 주 곧 그들과 우리의 주 되신 예수 그리스도의 이름을 부르는 모든 자들에게"

- **엡 5:26-27** "이는 곧 물로 씻어 말씀으로 깨끗하게 하사 거룩하게 하시고 자기 앞에 영광스러운 교회로 세우사 티나 주름 잡힌 것이나 이런 것들이 없이 거룩하고 흠이 없게 하려 하심이라"

- **벧전 2:9** "그러나 너희는 택하신 족속이요 왕 같은 제사장들이요 거룩한 나라요 그의 소유가 된 백성이니 이는 너희를 어두운 데서 불러내어 그의 기이한 빛에 들어가게 하신 이의 아름다운 덕을 선포하게 하려 하심이라"

2) 성도(주 안에서 형제, 자매)

- <u>요일 4:10-11</u> "사랑은 여기 있으니 우리가 하나님을 사랑한 것이 아니요 하나님이 우리를 사랑하사 우리 죄를 속하기 위하여 화목 제물로 그 아들을 보내셨음이라 사랑하는 자들아 하나님이 이같이 우리를 사랑하셨은즉 우리도 서로 사랑하는 것이 마땅하도다"

- <u>행 2:42</u> "그들이 사도의 가르침을 받아 서로 교제하고 떡을 떼며 오로지 기도하기를 힘쓰니라"

- <u>빌 2:1-4</u> "그러므로 그리스도 안에 무슨 권면이나 사랑의 무슨 위로나 성령의 무슨 교제나 긍휼이나 자비가 있거든 마음을 같이 하여 같은 사랑을 가지고 뜻을 합하며 한마음을 품어 아무 일에든지 다툼이나 허영으로 하지 말고 오직 겸손한 마음으로 각각 자기보다 남을 낫게 여기고 각각 자기 일을 돌볼뿐더러 또한 각각 다른 사람들의 일을 돌보아 나의 기쁨을 충만하게 하라"

- <u>히 10:24-25</u> "서로 돌아보아 사랑과 선행을 격려하며 모이기를 폐하는 어떤 사람들의 습관과 같이 하지 말고 오직 권하여 그날이 가까움을 볼수록 더욱 그리하자"

2. 두 번째 유산: 죄 용서, 몸의 부활, 영생

1) 죄 용서

- <u>시 130:3-4</u> "여호와여 주께서 죄악을 지켜보실진대 주여 누가

서리이까 그러나 사유하심이 주께 있음은 주를 경외하게 하심이
니이다"

- **히 10:14** "그가 거룩하게 된 자들을 한 번의 제사로 영원히 온전
하게 하셨느니라"
- **요일 1:9** "만일 우리가 우리 죄를 자백하면 그는 미쁘시고 의로
우사 우리 죄를 사하시며 우리를 모든 불의에서 깨끗하게 하실 것
이요"

2) 몸의 부활

- **고전 15:51-52** "보라 내가 너희에게 비밀을 말하노니 우리가 다
잠잘 것이 아니요 마지막 나팔에 순식간에 홀연히 다 변화되리니
나팔 소리가 나매 죽은 자들이 썩지 아니할 것으로 다시 살아나고
우리도 변화되리라"
- **고전 15:42-44** (쉬운성경) "죽은 자들의 부활도 이와 같습니다. 썩
을 몸을 심지만, 썩지 않을 몸으로 다시 살아납니다. 비천한 몸을
심지만, 영광스런 몸으로 다시 살아납니다. 또한 약한 몸을 심지
만, 능력 있는 몸으로 다시 살아납니다. 자연적인 몸을 심지만, 영
적인 몸으로 다시 살아납니다."

3) 영생

- **요 14:2-3** "내 아버지 집에 거할 곳이 많도다 그렇지 않으면 너
희에게 일렀으리라 내가 너희를 위하여 거처를 예비하러 가노니
가서 너희를 위하여 거처를 예비하면 내가 다시 와서 너희를 내게

로 영접하여 나 있는 곳에 너희도 있게 하리라"

- 계 **22:3-5** "다시 저주가 없으며 하나님과 그 어린양의 보좌가 그 가운데에 있으리니 그의 종들이 그를 섬기며 그의 얼굴을 볼 터이요 그의 이름도 그들의 이마에 있으리라 다시 밤이 없겠고 등 불과 햇빛이 쓸 데 없으니 이는 주 하나님이 그들에게 비치심이라 그들이 세세토록 왕 노릇 하리로다"

6주

안을 향한 성품의 기도 1
: 십계명

1. 부르심의 목적

● **벧후 1:4** "이로써 그 보배롭고 지극히 큰 약속을 우리에게 주사 이 약속으로 말미암아 너희가 정욕 때문에 세상에서 썩어질 것을 피하여 신성한 성품에 참여하는 자가 되게 하려 하셨느니라"

하나님의 부르심의 목적이 우리가 하나님의 성품에 참여하는 자가 되는 것이라면, 우리 자신을 향한 기도의 목적도 하나님의 성품을 닮아 가는 것에 초점이 맞춰져야 한다.

2. 하나님의 성품이 녹아 있는 계명들

하나님이 주신 율법에는 하나님의 뜻과 함께 그분의 성품이 반영되어 있다.

1) 황금률

● **마 22:37-40** "예수께서 이르시되 네 마음을 다하고 목숨을 다

하고 뜻을 다하여 주 너의 하나님을 사랑하라 하셨으니 이것이 크
고 첫째 되는 계명이요 둘째도 그와 같으니 네 이웃을 네 자신같이
사랑하라 하셨으니 이 두 계명이 온 율법과 선지자의 강령이니라"

2) 십계명

유대인들은 구약의 모든 계명을 613개의 명령으로 정리하고 있
는데, 그 요약판이 십계명이다.

하나님을 사랑하라(1-4계명)

1. 너는 나 외에는 다른 신들을 네게 두지 말라
2. 너를 위하여 새긴 우상을 만들지 말라
3. 너는 네 하나님 여호와의 이름을 망령되게 부르지 말라
4. 안식일을 기억하여 거룩하게 지키라

이웃을 사랑하라(5-10계명)

5. 네 부모를 공경하라
6. 살인하지 말라
7. 간음하지 말라
8. 도둑질하지 말라
9. 네 이웃에 대하여 거짓 증거하지 말라
10. 네 이웃의 집을 탐내지 말라

---

3. 회개와 간구

1) 회개

십계명을 보면 '안식일을 기억하여 거룩하게 지키라'는 4계명과 '네 부모를 공경하라'는 5계명을 제외하면 나머지 여덟 개의 계명이 모두 '하지 말라'는 부정 명령이다. 이것은 그만큼 우리가 하나님의 사랑의 성품을 반영하고 있는 십계명의 말씀대로 사는 것이 쉽지 않고, 오히려 하나님이 원하시는 모습과는 정반대되는 모습으로 살기가 쉽다는 것을 일깨워 주고 있다. 그렇기에 십계명으로 기도하다 보면 가장 먼저 하나님의 말씀대로 살지 못한 우리의 죄, 그런 죄를 짓게 만드는 죄악된 성품을 돌아보며 회개의 고백을 하게 된다.

2) 간구

자신의 내면을 들여다보면서 하나님의 사랑의 성품이 녹아 있는 십계명을 가지고 계속해서 기도하다 보면, 하나님의 성품을 반영하며 살지 못한 것에 대한 진실한 회개의 고백과 함께 하나님의 성품을 반영하며 살고자 하는 간구가 간절한 열망 속에 뿜어져 나오게 된다.

4. 야곱에서 이스라엘로

우리 자신을 위한 성품의 기도를 통해 우리가 어떤 사람으로 변화될 수 있는지를 가장 선명하게 보여 주는 인물은 야곱이다.

- **창 32:27-28** "그 사람이 그에게 이르되 네 이름이 무엇이냐 그
  가 이르되 야곱이니이다 그가 이르되 네 이름을 다시는 야곱이라
  부를 것이 아니요 이스라엘이라 부를 것이니 이는 네가 하나님과
  및 사람들과 겨루어 이겼음이니라"

야곱은 얍복 나루터에서 기도의 씨름을 통해 하나님과의 개인
적인 만남을 갖게 되었고, 그 결과 야곱에서 이스라엘로 변화되
었다. 단순히 개명했다는 의미가 아니다. 하나님의 성품으로 변
화되었다는 의미고, 하나님의 성품을 소유한 인격으로 거듭나
기 시작했다는 의미다.

5. 적용

1) 예수 믿기 이전과 이후를 비교해 볼 때 성품과 관련해 가장 크
   게 바뀐 부분은 무엇인가?

2) 성품과 관련해서 아직도 변화되지 못한 부분, 그래서 많은 문
   제를 야기하는 부분은 어떤 것인가?(말, 마음, 행동, 태도, 가치관 등)

3) 주님을 닮은 성숙한 인격의 소유자가 되기 위해 어떤 노력과
   실천을 해야 하는가?

7주 안을 향한 성품의 기도 2 : 팔복 1

● 팔복
모든 그리스도인이 가져야 할 성품이다.
오직 그리스도인만이 가질 수 있는 성품이다.

1. 심령이 가난한 자(마 5:3)

1) 구약에서 가난한 사람은 겸손히 하나님께 도움을 구하며 그분을 의지하는 사람이다.

- **시 34:6** "이 곤고한 자가 부르짖으매 여호와께서 들으시고 그의 모든 환난에서 구원하셨도다"

2) 심령이 가난하다는 것은 영적인 가난함을 의미한다.

- **눅 18:13** "하나님이여 불쌍히 여기소서 나는 죄인이로소이다"

3) 심령이 가난한 자들만 복음을 통해 구원과 천국을 선물로 받는다.

- **눅 4:18** "주의 성령이 내게 임하셨으니 이는 가난한 자에게 복

음을 전하게 하시려고 내게 기름을 부으시고 나를 보내사 포로 된
자에게 자유를, 눈먼 자에게 다시 보게 함을 전파하며 눌린 자를
자유롭게 하고"

**4) 오늘도 하나님 나라에 들어가는 필수 조건은 영적인 가난함
이다.**

2. 애통하는 자(마 5:4)

**1) 사람들은 아무 고난 없이 부귀영화를 누려야 행복한 사람이라
고 생각한다.**

**2) 그리스도인의 삶에는 기쁨과 웃음뿐 아니라 눈물과 애통이 있
어야 한다.**

**3) 애통은 영적인 슬픔, 즉 죄를 깨닫고 하나님을 거역한 일을 슬
퍼하는 것이다.**
- **시 119:136** "그들이 주의 법을 지키지 아니하므로 내 눈물이 시
  냇물 같이 흐르나이다"
- **빌 3:18** "내가 여러 번 너희에게 말하였거니와 이제도 눈물을 흘
  리며 말하노니 여러 사람들이 그리스도의 십자가의 원수로 행하
  느니라"

4) 이런 영적 애통은 계속해서 유지되어야 한다(현재 시제).

5) 주의 재림은 애통하는 그리스도인들에게 완전한 위로의 날이
   될 것이다.
   - **계 7:17** "하나님께서 그들의 눈에서 모든 눈물을 씻어 주실 것임
     이라"

3. 온유한 자(마 5:5)

1) 다른 사람들에 대한 겸손하고 너그러운 태도를 말한다.

2) 온유는 겸손이나 관용과 불가분의 관계에 있다.
   - **마 11:29** "나는 마음이 온유하고 겸손하니"
   - **고후 10:1** "나 바울은 이제 그리스도의 온유와 관용으로 친히 너
     희를 권하고"

3) 온유한 사람은 동료의 모욕과 무례함을 끈기 있게 견딘다.

4) 온유한 사람은 온유한 심령으로 범죄한 자를 바로잡는다.
   - **갈 6:1** "형제들아 사람이 만일 무슨 범죄한 일이 드러나거든 신
     령한 너희는 온유한 심령으로 그러한 자를 바로잡고 너 자신을 살
     펴보아 너도 시험을 받을까 두려워하라"

5) 온유한 왕, 예수 그리스도의 모범

- **벧전 2:23** "욕을 당하시되 맞대어 욕하지 아니하시고 고난을 당하시되 위협하지 아니하시고 오직 공의로 심판하시는 이에게 부탁하시며"
- **요 8:11** "대답하되 주여 없나이다 예수께서 이르시되 나도 너를 정죄하지 아니하노니 가서 다시는 죄를 범하지 말라 하시니라"

6) 온유한 자가 받는 복

- **시 37:11** "그러나 온유한 자들은 땅을 차지하며 풍성한 화평으로 즐거워하리로다"
- **벧후 3:13** "우리는 그의 약속대로 의가 있는 곳인 새 하늘과 새 땅을 바라보도다"

4. 의에 주리고 목마른 자(마 5:6)

1) 여기서 굶주림은 물질적인 것이 아니라 영적인 것이다.

- **시 42:1-2** "하나님이여 사슴이 시냇물을 찾기에 갈급함같이 내 영혼이 주를 찾기에 갈급하니이다 내 영혼이 하나님 곧 살아 계시는 하나님을 갈망하나니 내가 어느 때에 나아가서 하나님의 얼굴을 뵈올까"

2) 그리스도인들이 제일 먼저 구하는 것은 하나님 나라와 그분의
의다(마 6:33).

3) 하나님을 위한 영적 욕구는 그리스도인의 삶에 참된 만족을
가져다준다.
- <u>시 107:9</u> "그가 사모하는 영혼에게 만족을 주시며 주린 영혼에
게 좋은 것으로 채워 주심이로다"

안을 향한 성품의 기도 3
: 팔복 2

5. 긍휼히 여기는 자(마 5:7) **- 엘레에몬**(자비로운, 인자한, 친절한, 동정적인)

1) 긍휼은 곤경에 처한 사람들에 대한 동정이다.

2) 하나님은 헤세드, 즉 자비와 긍휼의 하나님이시다.

3) 하나님의 자비와 긍휼은 무한하고 영원하다(시 36:5, 89:1-2).

4) 헤세드의 하나님은 인생들에게 끊임없이 자비와 긍휼을 베푸신다.

5) 예수님이 행하신 모든 가르침과 사역은 자비와 긍휼에 기초하고 있다.
   ● **막 6:34** "예수께서 나오사 큰 무리를 보시고 그 목자 없는 양 같음으로 인하여 불쌍히 여기사 이에 여러 가지로 가르치시더라"
   ● **마 20:34** "예수께서 불쌍히 여기사 그들의 눈을 만지시니 곧 보게 되어 그들이 예수를 따르니라"

6) 하나님의 자녀들은 아버지를 본받아 자비와 긍휼을 베풀며 살아야 한다.

- **눅 10:36-37** "네 생각에는 이 세 사람 중에 누가 강도 만난 자의 이웃이 되겠느냐 이르되 자비를 베푼 자니이다 예수께서 이르시되 가서 너도 이와 같이 하라 하시니라"

7) 자비와 긍휼의 구체적인 모습은 다른 사람들을 불쌍히 여기는 가운데 그들의 필요를 채워 주고 그 허물을 용서하는 것이다.

6. 마음이 청결한 자(마 5:8) - 카다로스(깨끗한, 순전한, 순수한, 순결한)

1) 내면의 청결함을 말한다.

- **시 24:3-4** "여호와의 산에 오를 자가 누구며 그의 거룩한 곳에 설 자가 누구인가 곧 손이 깨끗하며 마음이 청결하며 뜻을 허탄한 데에 두지 아니하며 거짓 맹세하지 아니하는 자로다"
- **시 51:10** "하나님이여 내 속에 정한 마음을 창조하시고 내 안에 정직한 영을 새롭게 하소서"

2) 예수님은 바리새인들이 형식적이고 외적인 청결함에 집착하는 것을 꾸짖으셨다.

- **마 23:25-28** "화 있을진저 외식하는 서기관들과 바리새인들이

여 잔과 대접의 겉은 깨끗이 하되 그 안에는 탐욕과 방탕으로 가득하게 하는도다 눈먼 바리새인이여 너는 먼저 안을 깨끗이 하라 그리하면 겉도 깨끗하리라 화 있을진저 외식하는 서기관들과 바리새인들이여 회칠한 무덤 같으니 겉으로는 아름답게 보이나 그 안에는 죽은 사람의 뼈와 모든 더러운 것이 가득하도다 이와 같이 너희도 겉으로는 사람에게 옳게 보이되 안으로는 외식과 불법이 가득하도다"

3) 마음이 청결한 사람은 순수하고 순전한 마음을 품은 매우 정직하고 진실한 자다. 그들의 모든 삶은(공적이든 사적이든) 하나님과 사람 앞에서 명백하게 드러나 보인다.

4) 그리스도인들은 예수님처럼 거짓 없고 정직하며 진실한 삶을 살아야 한다.

7. 화평하게 하는 자(마 5:9)

1) 마음이 청결한 사람은 화평을 도모하는 사람이 된다. 솔직함과 진실성은 모든 참된 화목의 필수 요건이기 때문이다.

2) 예수님은 십자가를 통해 화목의 제사를 드리셨다.
   ● **엡 2:14**(현대인의성경) "예수님은 우리의 평화가 되시는 분이십니다."

- **엡 2:15**(현대인의성경) "유대인과 이방인을 자기 안에서 하나의 새로운 백성으로 만들어 화목하게 하고"
- **엡 2:16**(현대인의성경) "또 십자가로 그들의 적개심을 죽이고 둘을 한 몸으로 만들어 하나님과 화해시키기 위한 것입니다."

3) 우리는 예수님을 본받아 평화의 사도가 되어야 한다.

- **벧전 3:11** "악에서 떠나 선을 행하고 화평을 구하며 그것을 따르라"
- **고후 5:18** "우리에게 화목하게 하는 직분을 주셨으니"
- **고후 5:19** "곧 하나님께서 … 화목하게 하는 말씀을 우리에게 부탁하셨느니라"
- **히 12:14** "모든 사람과 더불어 화평함과 거룩함을 따르라 이것이 없이는 아무도 주를 보지 못하리라"

4) 우리는 복음 전도를 통해 불신자들을 하나님과 화해시켜야 하고, 주 안에서 친밀한 교제를 통해 교회의 하나 됨과 성도의 화목을 위해 힘써야 한다.

8. 의를 위하여 박해를 받은 자(마 5:10-12)

1) 고난과 박해는 진정한 그리스도인의 증표다.

- **마 5:11-12** "나로 말미암아 너희를 욕하고 박해하고 거짓으로 너희를 거슬러 모든 악한 말을 할 때에는 너희에게 복이 있나니 기

뻐하고 즐거워하라 하늘에서 너희의 상이 큼이라 너희 전에 있던 선지자들도 이같이 박해하였느니라"

2) 우리는 주를 위하여 당하는 고난을 오히려 기뻐해야 한다.

- **행 5:41** "사도들은 그 이름을 위하여 능욕 받는 일에 합당한 자로 여기심을 기뻐하면서 공회 앞을 떠나니라"

3) 교회는 복음을 위해 고난당하고 박해당하는 자들의 공동체다.

- **골 1:24** "나는 이제 너희를 위하여 받는 괴로움을 기뻐하고 그리스도의 남은 고난을 그의 몸 된 교회를 위하여 내 육체에 채우노라"
- **벧전 4:14** "너희가 그리스도의 이름으로 치욕을 당하면 복 있는 자로다 영광의 영 곧 하나님의 영이 너희 위에 계심이라"

안을 향한 성품의 기도 4
: 사랑

1. 성령은 우리에게 사랑의 마음을 부어 주신다

1) 예수님이 주신 새 계명
- <u>요 13:34</u> "새 계명을 너희에게 주노니 서로 사랑하라"

2) 하지만 우리에게는 사랑이 없다.

부자 청년의 문제(막 10:21-22) - 자기에게 사랑이 없음을 깨닫지 못했다. 인정하지 않았다.

3) 어떻게 사랑할 수 있을까?
- <u>롬 5:5</u> "우리에게 주신 성령으로 말미암아 하나님의 사랑이 우리 마음에 부은바 됨이니"
- <u>고후 5:14</u> "그리스도의 사랑이 우리를 강권하시는도다"

2. 사랑 장에는 예수님의 사랑의 성품이 녹아 있다

1) 고린도전서 13장은 예수님의 초상화다.

2) 사랑의 모든 속성은 예수님의 사랑 안에서 완전해진다.

3) 고린도전서 13장이 지배하는 이미지는 낭만과 결혼이 아니라 십자가 죽음과 희생이다.

4) 고린도전서 13장은 사람이 절대로 따라 할 수 없는 사랑의 절대 기준을 제시한다. 그러나 우리를 도우시는 성령이 함께하시면 우리는 그 사랑을 실천할 수 있다.

3. 사랑의 본질

1) 사랑은 기다리는 것이다(고전 13:4)
- <u>요 11:5-6</u> "예수께서 본래 마르다와 그 동생과 나사로를 사랑하시더니 나사로가 병들었다 함을 들으시고 그 계시던 곳에 이틀을 더 유하시고"

2) 사랑은 온유하다(고전 13:4)
- <u>딛 3:5</u> "우리를 구원하시되 우리가 행한 바 의로운 행위로 말미암지 아니하고 오직 그의 긍휼하심을 따라 중생의 씻음과 성령의 새롭게 하심으로 하셨나니"

하나님의 온유하심은 구원의 사랑, 긍휼의 사랑, 삶을 변화시키는 사랑이다.

3) 사랑은 광대하다(고전 13:4-5)

- **고전 13:4-5** "사랑은 오래 참고 사랑은 온유하며 시기하지 아니하며 사랑은 자랑하지 아니하며 교만하지 아니하며 무례히 행하지 아니하며"

예수님은 제자들의 발을 씻겨 주셨다(요 13:3-5).

4) 사랑은 성내지 않는다(고전 13:5)

- **벧전 2:23** "욕을 당하시되 맞대어 욕하지 아니하시고 고난을 당하시되 위협하지 아니하시고 오직 공의로 심판하시는 이에게 부탁하시며"

5) 사랑은 자기의 유익을 구하지 않는다(고전 13:5)

- **마 26:39** "조금 나아가사 얼굴을 땅에 대시고 엎드려 기도하여 이르시되 내 아버지여 만일 할 만하시거든 이 잔을 내게서 지나가게 하옵소서 그러나 나의 원대로 마시옵고 아버지의 원대로 하옵소서 하시고"

6) 사랑은 용서하는 것이다(고전 13:5)

- **고전 13:5** "악한 것을 생각하지 아니하며"
- **요 21:17** "세 번째 이르시되 요한의 아들 시몬아 네가 나를 사랑하느냐 하시니 … 예수께서 이르시되 내 양을 먹이라"

7) 사랑은 거룩한 기쁨이다(고전 13:6)

- <u>고전 13:6</u> "불의를 기뻐하지 아니하며 진리와 함께 기뻐하고"
- <u>눅 7:47</u> "이러므로 내가 네게 말하노니 그의 많은 죄가 사하여졌도다 이는 그의 사랑함이 많음이라 사함을 받은 일이 적은 자는 적게 사랑하느니라"

8) 사랑은 바라고 기대하는 것이다(고전 13:7)

- <u>고전 13:7</u> "모든 것을 바라며"
- <u>요 17:24</u> "아버지여 내게 주신 자도 나 있는 곳에 나와 함께 있어 … 내게 주신 나의 영광을 그들로 보게 하시기를 원하옵나이다"

9) 사랑은 모든 것을 견디는 것이다(고전 13:7)

예수님은 십자가를 지는 과정에서 모든 고난을 견디셨다(마 27:30-31).

10) 사랑은 끝까지 신뢰하는 것이다(고전 13:7)

- <u>고전 13:7</u> "모든 것을 믿으며"
- <u>눅 23:46</u> "내 영혼을 아버지 손에 부탁하나이다"

11) 사랑은 결코 실패하지 않는다(고전 13:8)

- <u>고전 13:8</u> "사랑은 언제까지나 떨어지지 아니하되"
- <u>롬 8:38-39</u> "내가 확신하노니 사망이나 생명이나 … 다른 어떤 피조물이라도 우리를 우리 주 그리스도 예수 안에 있는 하나님의 사랑에서 끊을 수 없으리라"

1. 사랑(love). 아가페

1) 인간의 조건적 사랑이 아니다.

2) 하나님이 베푸시는 무조건적인 사랑이다.
- <u>엡 2:4-5</u> "긍휼이 풍성하신 하나님이 우리를 사랑하신 그 큰 사랑을 인하여 허물로 죽은 우리를 그리스도와 함께 살리셨고"
- <u>엡 2:8</u> "너희는 그 은혜에 의하여 믿음으로 말미암아 구원을 받았으니"

2. 희락. 기쁨(Joy). 카라

1) 환경에 좌우되는 감각적인 기쁨이 아니다.

2) 위에 계신 하나님이 부어 주시는 기쁨이다.
- <u>요 3:29</u> "신부를 취하는 자는 신랑이나 서서 신랑의 음성을 듣는 친구가 크게 기뻐하나니 나는 이러한 기쁨으로 충만하였노라"

3. 화평. 평안. 평화(peace). 에이레네

1) 단순히 마음의 편안함을 의미하지 않는다.

2) 하나님과의 관계 회복을 통해서만 경험할 수 있는 것이다.
- **롬 5:1**(쉬운성경) "우리는 우리 주 예수 그리스도로 말미암아 하나님과 함께하는 평강을 누리고 있습니다."

4. 오래 참음. 인내(patience). 마크로뒤미아

1) 하나님은 길을 잃고 방황하는 인생들을 오래 참고 기다려 주신다.

2) 우리도 모든 일을 하나님의 관점으로 바라보며 참고 견딜 수 있어야 한다.
- **벧후 3:9** "오직 주께서는 너희를 대하여 오래 참으사 아무도 멸망하지 아니하고 다 회개하기에 이르기를 원하시느니라"
- **살전 5:14** "또 형제들아 너희를 권면하노니 … 모든 사람에게 오래 참으라"

5. 자비. 긍휼. 친절(kindness). 크레스토테스

1) 인생들을 긍휼히 여기시는 하나님의 성품이다.

2) 다른 사람을 대할 때 말과 행동에 있어서 자비와 긍휼의 마음을 가져야 한다.
   - 골 3:12 "그러므로 너희는 하나님이 택하사 거룩하고 사랑받는 자처럼 긍휼과 자비와 겸손과 온유와 오래 참음을 옷 입고"

6. 양선. 착한. 선함(goodness). 아가도쉬네

1) 하나님은 선하신 분이다.

2) 우리도 그분을 따라 선한 삶을 살아야 한다.
   - 갈 6:9-10(쉬운성경) "선한 일을 하다가 낙심하지 말아야 합니다. 기회가 닿는 대로 모든 사람에게 선한 일을 해야 합니다."

7. 충성. 믿음. 신뢰(faithfulness). 피스티스

1) 하나님은 당신의 백성과 맺은 언약에 신실하시다.

2) 우리도 하나님이 맡겨 주신 일에 성실하고 진실하게 최선을 다해야 한다.

- **고전 4:2** "그리고 맡은 자들에게 구할 것은 충성이니라"

8. 온유. 겸손.따뜻하고 부드러움(gentleness). 프라위테스

1) 주님은 마음이 온유하고 겸손하시다(마 11:29).

2) 우리는 모든 교만을 버리고 겸손한 마음으로 주님의 가르침에
순종해야 한다.
- **빌 2:5, 8** "너희 안에 이 마음을 품으라 곧 그리스도 예수의 마음
이니 … 자기를 낮추시고 죽기까지 복종하셨으니 곧 십자가에 죽
으심이라"
- **빌 2:3** "아무 일에든지 다툼이나 허영으로 하지 말고 오직 겸손
한 마음으로 각각 자기보다 남을 낫게 여기고"

9. 절제. 자제력(self-control). 엥크라테이아

1) 성령의 다스림 속에서 자신을 제어하는 힘이다.

2) 우리는 보고, 듣고, 말하고, 느끼고, 행동하는 모든 면에서 절
제할 수 있어야 한다.
- **고전 9:25** "이기기를 다투는 자마다 모든 일에 절제하나니"

밖을 향한 사역의 기도 1
: 주기도문 1

예수님은 기도를 가르쳐 달라는 제자들의 요청에 이렇게 기도하라며 주기도문을 주셨다. 주기도문은 모든 성도가 교회 공동체 안에서 항상, 함께 그리고 가장 기본적으로 드려야 하는 가장 확실한 기도 지침서다. 주기도문에는 예수님이 선포하신 하나님 나라와 그 나라 백성 공동체의 정체성, 즉 교회와 성도들의 신앙과 이상과 소망이 가장 잘 표현되어 있다. 예수님의 가르침과 사역의 모든 것이 주기도문 속에 요약되어 녹아 있다고 말할 수 있다. 그러므로 우리는 주기도문을 표준 교과서로 활용해 밖을 향한 사역의 기도를 드리며 기도의 골방에서 세계 열방을 품는 하나님 나라 사역에 동참할 수 있다.

1. 하늘에 계신 우리 아버지

1) 하나님은 하늘에 계신다(초월성). 하나님은 천지 만물을 창조하고 다스리고 계신다.

2) 그런데 하늘에 계신 크고 위대한 하나님이 우리 아버지가 되

신다.

- **롬 8:15** "너희는 다시 무서워하는 종의 영을 받지 아니하고 양자의 영을 받았으므로 우리가 아빠 아버지라고 부르짖느니라"

2. 아버지의 이름을 거룩하게 하시며

1) 내 영광을 추구하지 않게 하소서.

2) 오직 하나님의 영광을 위해 살게 하소서.

3) 이 땅에 사는 모든 인생이 하나님께 영광 돌리는 삶을 살게 하소서.
   - **시 115:1** "여호와여 영광을 우리에게 돌리지 마옵소서 우리에게 돌리지 마옵소서 오직 주는 인자하시고 진실하시므로 주의 이름에만 영광을 돌리소서"
   - **고전 10:31** "그런즉 너희가 먹든지 마시든지 무엇을 하든지 다 하나님의 영광을 위하여 하라"

3. 아버지의 나라가 오게 하시며

1) 내가 스스로 왕 노릇 하지 않게 하소서.

2) 오직 하나님만을 왕으로 모시고 살게 하소서.

3) 만왕의 왕인 하나님만이 이 세상을 다스려 주소서.
- **렘 23:5** "보라 때가 이르리니 내가 다윗에게 한 의로운 가지를 일으킬 것이라 그가 왕이 되어 지혜롭게 다스리며 세상에서 정의와 공의를 행할 것이며"

4. 아버지의 뜻이 하늘에서와 같이 땅에서도 이루어지게 하소서

1) 죄와 사망에 매여 있는 인생들이 주님 품으로 돌아오게 하소서.
- **벧후 3:9** "오직 주께서는 너희를 대하여 오래 참으사 아무도 멸망하지 아니하고 다 회개하기에 이르기를 원하시느니라"
- **행 1:8** "오직 성령이 너희에게 임하시면 너희가 권능을 받고 예루살렘과 온 유대와 사마리아와 땅끝까지 이르러 내 증인이 되리라 하시니라"

2) 구원받은 성도들이 삶의 거룩을 통해 주님을 닮아 가게 하소서.
- **살전 4:3** "하나님의 뜻은 이것이니 너희의 거룩함이라"
- **살전 5:16-18** "항상 기뻐하라 쉬지 말고 기도하라 범사에 감사

하라 이것이 그리스도 예수 안에서 너희를 향하신 하나님의 뜻이
니라"

3) 죄와 악의 세력이 사라지고 이 땅에 하나님 나라가 완성되게
하소서.

- **눅 11:20** "그러나 내가 만일 하나님의 손을 힘입어 귀신을 쫓아
  낸다면 하나님의 나라가 이미 너희에게 임하였느니라"
- **계 22:20** "이것들을 증언하신 이가 이르시되 내가 진실로 속히
  오리라 하시거늘 아멘 주 예수여 오시옵소서"

밖을 향한 사역의 기도 2
: 주기도문 2

5. 오늘 우리에게 일용할 양식을 주시고

1) 삶의 절대적 필요(의식주, 생명, 건강, 안전 등)는 하나님이 책임져 주심을 확신하게 하소서.

- **출 16:15** "이스라엘 자손이 보고 그것이 무엇인지 알지 못하여 서로 이르되 이것이 무엇이냐 하니 모세가 그들에게 이르되 이는 여호와께서 너희에게 주어 먹게 하신 양식이라"

- **마 6:31-32** "무엇을 먹을까 무엇을 마실까 무엇을 입을까 하지 말라 … 하늘 아버지께서 이 모든 것이 너희에게 있어야 할 줄을 아시느니라"

2) 이 확신이 있어야 먼저 그의 나라와 의를 구하는 자리로 나아갈 수 있다.

- **마 6:33** "그런즉 너희는 먼저 그의 나라와 그의 의를 구하라 그리하면 이 모든 것을 너희에게 더하시리라"

6. 우리가 우리에게 잘못한 사람을 용서하여 준 것같이 우리 죄를 용서하여 주시고

1) 일만 달란트의 빚을 탕감 받았지만 또다시 지은 죄를 용서해 주소서.
   - **요 13:10** "예수께서 이르시되 이미 목욕한 자는 발밖에 씻을 필 요가 없느니라"

2) 일만 달란트의 빚을 탕감 받은 자로서 백 데나리온을 빚진 자 를 용서하며 살게 해 주소서.
   - **마 18:21-22** "형제가 내게 죄를 범하면 몇 번이나 용서하여 주 리이까 … 예수께서 이르시되 … 일곱 번을 일흔 번까지라도 할지 니라"
   - **마 18:33** "내가 너를 불쌍히 여김과 같이 너도 네 동료를 불쌍히 여김이 마땅하지 아니하냐 하고"

7. 우리를 시험에 빠지지 않게 하시고

1) 개인적으로 죄의 달콤한 유혹에 빠지지 않게 해 주소서.
   - **눅 22:31-32** "보라 사탄이 너희를 밀 까부르듯 하려고 요구하였 으나 그러나 내가 너를 위하여 네 믿음이 떨어지지 않기를 기도하 였노니"

2) 죄와 사망의 권세를 이기고 승리하신 주님을 바라보게 해 주소서.

- **히 4:15** "우리에게 있는 대제사장은 우리의 연약함을 동정하지 못하실 이가 아니요 모든 일에 우리와 똑같이 시험을 받으신 이로되 죄는 없으시니라"

8. 악에서 구하소서

1) **공중의 권세 잡고 있는 악한 영들로부터 우리를 지켜 주소서.**

- **엡 6:12** "우리의 씨름은 혈과 육을 상대하는 것이 아니요 통치자들과 권세들과 이 어둠의 세상 주관자들과 하늘에 있는 악의 영들을 상대함이라"

2) **사탄의 견고한 진들이 무너지게 해 주소서**(세속적 가치관, 적그리스도적 문화 등).

- **고후 10:4** "우리의 싸우는 무기는 육신에 속한 것이 아니요 오직 어떤 견고한 진도 무너뜨리는 하나님의 능력이라"

3) **주가 다스리시는 하나님 나라가 속히 이 땅에 임하게 해 주소서.**

- **롬 14:17** "하나님의 나라는 먹는 것과 마시는 것이 아니요 오직 성령 안에 있는 의와 평강과 희락이라"

9. 나라와 권능과 영광이 영원히 아버지의 것입니다(영광송)

1) 우리는 주 하나님의 궁극적인 승리를 믿습니다.

2) 우리는 하나님 나라의 최종적인 완성을 믿습니다.

3) 만왕의 왕이신 하나님만이 홀로 영광을 받으소서.

성경적 기도 점검 1
: 회개 기도

1. 회개 기도, 배우고 훈련해야 한다

1) 우리는 죄를 부정하고, 죄를 권하는 시대에 살고 있다. 이는 회개의 부재로 이어진다.

2) 부정적 결과들: 죄에 대한 둔감함. 죄에 대한 무감각함. 죄에 대한 뻔뻔함. 회개의 부재.
   - 사 1:5-6(쉬운성경) "어찌하여 자꾸 하나님을 배반하느냐? … 머리부터 발끝까지 성한 곳 한 군데도 없이, 온몸이 다치고 멍들고 상처투성이구나. 그런데도 치료하지 못하고, 싸매지도 못하고, 기름을 바르지도 못하는구나."

2. 1단계. 하나님 앞에 죄를 고백하는 것이다

1) 고백은 하나님께 숨겨진 죄를 알려 드리기 위한 것이 아니다. 하나님은 이미 알고 계신다.

2) 고백은 기도자 자신을 위한 것, 즉 죄를 마음에 품고 숨기려는 본능을 떨치기 위한 것이다.
- **시 32:3** "내가 입을 열지 아니할 때에 종일 신음하므로 내 뼈가 쇠하였도다"
- **시 32:5**(쉬운성경) "그래서 나는 내 죄를 덮어 두지 않고 주님께 숨김없이 털어 놓았습니다 … '내 죄를 주께 고백할 것이다. 내 잘못을 여호와께 아뢰리라' 하고 다짐했습니다."

3. 2단계. 성령의 도우심을 구하는 것이다

1) 회개하겠다는 의지만으로는 부족하다. 의지만으로는 진정한 변화를 만들어 내지 못한다.

2) 회개를 향한 의지에 성령의 은혜가 불처럼 내려야 한다. 그래야 회개의 은혜가 임한다.

3) 회개의 영이 마음에 임할 때까지 오래, 진실하게 그리고 깊이 기도해야 한다.
- **시 51:7** "나를 정결하게 하소서 … 나의 죄를 씻어 주소서 내가 눈보다 희리이다"
- **롬 8:27** "마음을 살피시는 이가 성령의 생각을 아시나니 이는 성령이 하나님의 뜻대로 성도를 위하여 간구하심이니라"

4. 3단계. 죄를 짓게 된 약한 심령의 회복을 위해 기도해야 한다

1) 지은 죄를 회개하는 것에서 그쳐서는 안 된다.

2) 죄의 유혹에 넘어질 정도로 약해진 자신의 영적 상태를 직시해야 한다.

3) 성령의 도우심으로 죄의 유혹을 이길 수 있는 영적 건강을 회복하는 일에 집중해야 한다.
   - **시 51:10** "하나님이여 내 속에 정한 마음을 창조하시고 내 안에 정직한 영을 새롭게 하소서"

잘못된 회개는 같은 잘못을 수없이 반복하지만, 참된 회개는 같은 잘못을 범하지 않거나 그 빈도를 점차로 줄여 간다. 이런 점에서 회개 기도는 영적 수술 과정이라고 할 수 있다.

5. 4단계. 자신의 죄로 상처 입은 사람들을 회복시키는 것이다

1) 우리의 모든 죄는 가장 우선적으로 하나님께 짓는 것이다.

2) 동시에 많은 죄가 이웃에게 상처를 주고 피해를 입힌다.

3) 회개자는 피해를 당한 당사자를 찾아가 죄를 고백하고 피해를
배상해 주어야 한다.
- 마 5:23-24 "그러므로 예물을 제단에 드리려다가 거기서 네 형
제에게 원망들을 만한 일이 있는 것이 생각나거든 예물을 제단 앞
에 두고 먼저 가서 형제와 화목하고 그 후에 와서 예물을 드리라"
- 출 22:4(쉬운성경) "만일 도둑질한 것을 가지고 있으면, 소든 나귀
든 양이든 두 배로 갚아라."

※ 회개의 3요소 – 회개(repentance), 변화(reformation), 보상
(restitution)

6. 행하지 않은 죄에 대한 관심

1) 지은 죄뿐 아니라 선을 행하지 못한 것에 대해서도 관심을 가
져야 한다.

2) 죄를 범하는 부족에서 벗어나 거룩하고 선한 일을 행하는 데
헌신해야 한다.

3) 성숙한 회개 기도는 행한 잘못으로부터 행하지 않은 선행으로
나아간다.

성경적 기도 점검 2
: 청원 기도

1. 청원 기도는 자연스럽고 당연한 기도다

1) 유한한 인간이 무한한 하나님께 도움을 요청하는 것은 당연한 일이다.

2) 연약한 우리가 전능하신 하나님께 구할 것이 없다면 그것이 오히려 이상한 일이다.

- **마 7:7** "구하라 그리하면 너희에게 주실 것이요 찾으라 그리하면 찾아낼 것이요 문을 두드리라 그리하면 너희에게 열릴 것이니"

3) 문제는 구하는 행동이 아니라 구하는 내용, 즉 세속적 성공과 물질의 복만을 구하는 것이다.

- **약 4:3** "구하여도 받지 못함은 정욕으로 쓰려고 잘못 구하기 때문이라"

4) 기도의 목적은 이 땅에서의 성공, 쾌락, 풍요가 아니라 하나님의 뜻을 따라 사는 것이다.

2. 청원 기도를 할 때는 내 소원보다 하나님의 주권을 인정해야 한다

1) 우리가 원하는 방식대로 일을 이루어 달라고 요청하려는 유혹을 이겨야 한다.

2) 이를 위해 자신의 소원이 아니라 하나님의 주권에 자신을 맡기도록 힘써야 한다.

3) 자신의 바람을 아뢰되 전적 신뢰 속에서 하나님이 자유롭게 일하실 여백을 남겨 드려야 한다.
   - <u>마 6:8</u> "구하기 전에 너희에게 있어야 할 것을 하나님 너희 아버지께서 아시느니라"

3. 청원 기도를 할 때는 일회적 응답보다 근본적 변화를 추구해야 한다

1) 청원 기도는 위기를 만났을 때 당장의 위기에서 벗어나게 해 달라는 간구로 시작된다.

   "아버지, 한 번만 살려 주십시오."
   "저의 잘못된 삶의 결과이니 용서해 주십시오."

2) 하지만 우리를 그런 위기로 몰아넣은 삶의 방식을 바꾸게 해
달라는 간구로 나아가야 한다.

"저를 새롭게 변화시켜 주셔서 다시는 이런 위기를 만나지 않도
록 도와주십시오."

- **창 32:28** "그가 이르되 네 이름을 다시는 야곱이라 부를 것이
  아니요 이스라엘이라 부를 것이니"

4. 모든 청원 기도의 중심에는 하나님 나라와 의가 있어
야 한다

1) 청원 기도를 통해 궁극적으로 얻고자 하는 것이 무엇인지를
깊이 생각해야 한다.

2) 청원 기도의 목적이 단순히 우리 자신과 이 땅에서의 삶만을
위한 것이 되어서는 안 된다.

3) 청원 기도의 목적은 우리 자신과 이 세상이 하나님의 다스림
안에 들어가는 것이 되어야 한다.
- **마 6:33** "너희는 먼저 그의 나라와 그의 의를 구하라 그리하면
  이 모든 것을 너희에게 더하시리라"

5. 청원 기도자는 하나님이 가장 좋은 것을 주신다는 믿음을 가져야 한다

1) 하나님은 우리의 아버지시고, 우리는 그분의 사랑받는 자녀이다.

2) 하나님 아버지는 우리에게 가장 좋은 것이 무엇인지를 우리보다 더 잘 알고 계신다.

3) 하나님 아버지는 당신이 정한 때가 되면 우리가 구한 것이 아니라 가장 좋은 것을 주신다.
   - **마 7:11** "너희가 악한 자라도 좋은 것으로 자식에게 줄 줄 알거든 하물며 하늘에 계신 너희 아버지께서 구하는 자에게 좋은 것으로 주시지 않겠느냐"

6. 돌아보기

1) 기도 제목 중 '내가 원하는 것'과 '하나님이 내게 원하시는 것'이 무엇인지 점검해 보라.

2) 당신은 원하는 것을 위해 얼마나 자주, 얼마나 오랫동안 간구해 왔는가?

3) 단지 기도에만 그치고 당신이 져야 할 책임을 외면하거나 회피한 적은 없는가?

4) 당신이 원하는 기도 제목 중 변경되어야 할 것이 있는가? 있다면 어떻게 바뀌어야 하는가?

성경적 기도 점검 3
: 중보 기도

1. 중보 기도란 기도자가 다른 사람 혹은 사건을 위해 드리는 기도다

1) 아브라함은 하나님의 심판을 목전에 둔 소돔과 고모라를 위해 기도했다(창 18장).

2) 모세는 하나님의 진노를 불러일으킨 이스라엘을 위해 기도했다(출 32장).

3) 바울은 로마교회에 예루살렘과 로마 방문을 위해 중보 기도해 달라고 부탁했다(롬 15:30-32).

"그러므로 너희 죄를 서로 고백하며 병이 낫기를 위하여 서로 기도하라 의인의 간구는 역사하는 힘이 크니라"(약 5:16).

2. 중보 기도의 근거는 이해와 지식이 아니라 사랑과 믿음이다

1) 아무리 기도 부탁을 받아도 사랑이 없으면 그 사람을 위해 중보 기도하지 못한다.

2) 기도를 통해 하나님이 역사하신다는 믿음이 없으면 중보 기도의 자리로 나아가지 못한다.

3) 참된 중보 기도는 그 사람에 대한 '사랑'과 하나님에 대한 '믿음'에서 우러나온다.
   - 빌 1:6 "너희 안에서 착한 일을 시작하신 이가 그리스도 예수의 날까지 이루실 줄을 우리는 확신하노라"
   - 빌 1:8 "내가 예수 그리스도의 심장으로 너희 무리를 얼마나 사모하는지 하나님이 내 증인이시니라"

3. 중보 기도는 그 사람의 상황에 대한 깊은 공감에서부터 시작된다

1) 마음의 공감 없이 기도하면 빈말이 되기 쉽고, 지속적으로 기도해 주지 못하게 된다.

2) 기도하기 전에 그 사람에 대해 생각하면서 공감할 수 있는 시간을 가져야 한다.

3) 공감과 사랑의 마음이 생기면 중보 기도가 진실해진다.

- **요 11:33, 35** "예수께서 그가 우는 것과 또 함께 온 유대인들이 우는 것을 보시고 심령에 비통히 여기시고 불쌍히 여기사 … 눈물 을 흘리시더라"

4. 나의 바람을 구하지 말고 하나님의 돌보심에 그 사람 을 맡겨야 한다

1) 우리의 바람을 아뢸 수는 있지만 그것을 고집해서는 안 된다.

2) 그 사람의 영성과 삶이 하나님 안에서 성장하는 일에 초점을 맞춰야 한다.

3) 그 사람이 그 일을 통해 성장하고 그 능력으로 그 문제를 해결 할 수 있도록 기도해야 한다.

예) 암으로 투병하고 있는 환자를 위해 기도할 때 치유와 회복뿐 아니 라 투병 과정을 통해 하나님을 더 깊이 알게 되기를 기도해야 한다.

5. 그 사람을 위해 할 수 있는 일을 찾아 실천하는 자리 로 나아가야 한다

1) 중보 기도 자체만으로도 충분한 효력을 가진다.

2) 기도하면서 그 사람을 도울 수 있는 방법을 구체적으로 찾아봐야 한다.

3) 기도한 후에는 그 사람을 위해 할 수 있는 일을 실천하는 자리로 나아가야 한다.
   - **약 2:16** "그에게 이르되 평안히 가라, 덥게 하라, 배부르게 하라 하며 그 몸에 쓸 것을 주지 아니하면 무슨 유익이 있으리요"

6. 개인적 관계를 뛰어넘어 중보 기도의 지경을 넓혀야 한다

1) 개인적으로 알고 지내는 사람들을 위한 중보 기도로 만족해서는 안 된다.

2) 예수님처럼 모든 사람, 민족, 세계 열방으로 중보 기도의 지경을 넓혀야 한다.

3) 사회, 정치, 경제, 문화, 기후, 환경, 인권, 전쟁 등 모든 영역과 이슈로 기도의 지경을 확대해야 한다.

7. 중보 기도 네트워크를 구성해서 적극적으로 활용해야 한다

1) 뜻을 같이하는 사람들이 함께 기도하면 강력한 힘을 발휘한다.

2) 기도 사역으로 형성된 연대감은 강력할 뿐 아니라 오래 지속된다.